KSIĄŻKA KUCHARSKA CHUTNEY ŻYCIE

Zanurz się w sztuce robienia chutneya dzięki 100 wyśmienitym przepisom

Miłosz Sokołowski

Prawa autorskie ©2024

Wszelkie prawa zastrzeżone

Żadna część tej książki nie może być wykorzystywana ani rozpowszechniana w jakiejkolwiek formie i w jakikolwiek sposób bez odpowiedniej pisemnej zgody wydawcy i właściciela praw autorskich, z wyjątkiem krótkich cytatów użytych w recenzji. Niniejsza książka nie powinna być traktowana jako substytut porady lekarskiej, prawnej lub innej porady zawodowej.

SPIS TREŚCI

SPIS TREŚCI 3
WSTĘP 6
CHUTNEJ OWOCOWY 7
  1. Chutney żurawinowy Amaretto 8
  2. Chutney żurawinowo-figowy 10
  3. Chutney ze smoczych owoców 12
  4. Chutney żurawinowo-pomarańczowy 14
  5. Fidżijski chili-mango chutney 16
  6. Chutney z mango 18
  7. Fidżijski pikantny chutney z tamaryndowca 20
  8. Hodowany pikantny chutney brzoskwiniowy 22
  9. Chutney z marynowanych fig i czerwonej cebuli 24
  10. Chutney ze śliwek z czarnego bzu 26
  11. Chutney z karmelizowanej gruszki i granatu 28
  12. Pikantny (fermentowany) chutney owocowy 30
  13. Chutney z kandyzowanych owoców 32
  14. Grill owocowy Chutney 34
  15. Słodko-kwaśny chutney z papai 36
  16. Chutney z jabłek i suszonych śliwek 38
  17. Chutney karambolowy 40
  18. Chutney z pigwy z przyprawionym kardamonem 42
  19. Chutney bananowy 44
  20. Chutney daktylowo-pomarańczowy 46
  21. Chutney ze świeżego ananasa 48
  22. Chutney limonkowy 50
  23. Chutney limonkowo-jabłkowy 52
  24. Chutney z wędzonych jabłek 54
  25. Chutney nektarynowy 56
  26. Szybki chutney brzoskwiniowy 58
  27. Chutney z mango i kardamonem 60
  28. Chutney arbuzowy z pieprzem 62
  29. Chutney śliwkowy z rodzynkami 65
  30. Octowy chutney brzoskwiniowy 68
  31. Chutney czosnkowo-limonkowy 71
  32. Chutney z ananasa i jalapeno 73
  33. Chutney z pikantnych jabłek i żurawiny 75
  34. Słodko-pikantny chutney z mango 77
  35. Chutney wiśniowo-balsamiczny 79
  36. Chutney gruszkowo-imbirowy 81
  37. Pikantny chutney śliwkowy 83
  38. Chutney z kiwi i ananasa 85

CHUTNEJ WARZYWNY 87
39. CHUTNEY Z BAKŁAŻANA I POMIDORÓW 88
40. CHUTNEY RABARBAROWY 91
41. CHUTNEY CEBULOWY 93
42. CHUTNEY Z CUKINII 95
43. CHUTNEY POMIDOROWY Z CHILE 97
44. CHUTNEY Z MARCHWI I IMBIRU 100
45. CHUTNEY Z PAPRYKI 102
46. PIKANTNY CHUTNEY KALAFIOROWY 104
47. CHUTNEY Z BURAKÓW 106
48. CHUTNEY ZE SZPINAKU I ORZESZKÓW ZIEMNYCH 108
49. CHUTNEY RZODKIEWKOWY 110
50. CHUTNEY Z KUKURYDZY I POMIDORÓW 112
51. CHUTNEY Z FASOLKI SZPARAGOWEJ 114
52. PIKANTNY ZIELONY CHUTNEY POMIDOROWY 116
53. CHUTNEY Z DYNI I RODZYNKÓW 118
54. CHUTNEY SZPINAKOWO-KOKOSOWY 120
55. CHUTNEY Z RZODKIEWKI I MIĘTY 122
56. PAPRYKA I CHUTNEY POMIDOROWY 124
57. PIKANTNY CHUTNEY BRINJAL (BAKŁAŻANOWY) 126
58. PIKANTNY CHUTNEY MARCHEWKOWY 128
59. TANGY RIDGE TYKWA (LUFFA) CHUTNEY 130

CHUTNEJ ZIOŁOWY 132
60. FIDŻIJSKI CHUTNEY Z KOLENDRĄ I LIMONKĄ 133
61. CHUTNEY KOLENDROWO-MIĘTOWY 135
62. KOKOSOWY CHUTNEY KOLENDROWY 137
63. CHUTNEY ANANASOWO-MIĘTOWY 139
64. CHUTNEY Z KIEŁKÓW KOZIERADKI I POMIDORÓW 141
65. CHUTNEY Z KOLENDRY 143
66. CHUTNEY Z PESTO BAZYLIOWYM 145
67. CHUTNEY KOPERKOWO-JOGURTOWY 147
68. CHUTNEY Z PIETRUSZKI I ORZECHÓW WŁOSKICH 149
69. CHUTNEY Z ROZMARYNU I MIGDAŁÓW 151
70. CHUTNEY Z MIĘTY I NERKOWCÓW 153
71. CHUTNEY Z KOLENDRY I ORZECHÓW ZIEMNYCH 155
72. CHUTNEY ZE SZCZYPIORKU I ORZECHÓW WŁOSKICH 157
73. CHUTNEY Z SZAŁWII I ORZECHÓW LASKOWYCH 159
74. CHUTNEY CYTRYNOWO-TYMIANKOWY 161
75. CHUTNEY Z ESTRAGONU I PISTACJI 163
76. CHUTNEY Z OREGANO I ORZECHÓW WŁOSKICH 165
77. CHUTNEY Z SZAŁWII I ORZESZKÓW PINII 167
78. CHUTNEY Z ROZMARYNEM I CZOSNKIEM 169
79. CHUTNEY ZE SZCZYPIORKIEM I SKÓRKĄ CYTRYNOWĄ 171

80. Chutney z szałwii i tymianku cytrynowego 173
81. Chutney z bazylii i suszonych pomidorów 175
82. Chutney z estragonem i szalotką 177
83. Werbena cytrynowa i chutney migdałowy 179
84. Chutney z majeranku i orzechów laskowych 181
85. Chutney z oregano i orzechów pekan 183

KWIATOWY CHUTNEJ 185
86. Chutney z dzikiej róży i sułtanki 186
87. Chutney z lawendy i miodu 188
88. Chutney z płatków róż i kardamonu 190
89. Chutney z kwiatu czarnego bzu i cytryny 192
90. Chutney z kwiatów dyni 194

CHUTNEJ CHILI 196
91. Ostry chutney chili 197
92. Chutney jabłkowy Habanero 199
93. Chutney z zielonego chili i kolendry 201
94. Słodki chutney chili 203
95. Kokosowy chutney chili 205
96. Chutney z papryki chili 207

CHUTNEJ ORZECHOWY 209
97. Chutney orzechowy 210
98. Chutney migdałowy 212
99. Chutney z orzechów nerkowca 214
100. Chutney z orzechów włoskich 216

WNIOSEK 218

WSTĘP

Witamy w „KSIĄŻKA KUCHARSKA CHUTNEY ŻYCIE: zanurz się w sztuce przyrządzania chutney dzięki 100 wyśmienitym przepisom". Chutney, dzięki swoim odważnym smakom, żywym kolorom i wszechstronnemu zastosowaniu, jest kamieniem węgielnym kuchni indyjskiej i ukochaną przyprawą cieszącą się uznaniem na całym świecie. W tej książce kucharskiej zapraszamy Cię do odkrywania bogatego i różnorodnego świata przygotowywania chutneyu, odkrywając 100 pysznych przepisów, które podkręcą Twoje posiłki i rozbudzą Twoje kubki smakowe.

Chutney to coś więcej niż tylko dodatek; są świętem smaku, równowagi i tradycji. W tej książce kucharskiej zagłębimy się w sztukę przygotowywania chutneyu, od wyboru najświeższych składników po zrównoważenie przypraw, słodyczy i kwasowości w celu stworzenia harmonijnej mieszanki smaków. Niezależnie od tego, czy jesteś fanem klasycznych dań, takich jak chutney z mango i miętowy chutney, czy też chcesz eksperymentować z innowacyjnymi kombinacjami i nowoczesnymi akcentami, na tych stronach znajdziesz mnóstwo inspiracji.

Każdy przepis w tej książce kucharskiej został opracowany z dbałością o szczegóły, dzięki czemu każda partia chutneya będzie pełna smaku i autentyczności. Od pikantnego chutneya pomidorowego po ostry chutney z zielonego chili, od słodko-pikantnego chutneyu z ananasa po aromatyczny chutney kokosowy – znajdzie się chutney na każde podniebienie i na każdą okazję.

Dzięki jasnym instrukcjom, pomocnym wskazówkom i oszałamiającym zdjęciom „KSIĄŻKA KUCHARSKA CHUTNEY ŻYCIE" ułatwia opanowanie sztuki przygotowywania chutney we własnej kuchni. Niezależnie od tego, czy podajesz chutney jako dodatek do ulubionych dań indyjskich, dodajesz go do kanapek i wrapów, czy też używasz go do dodawania smaku marynatom i dressingom, te przepisy z pewnością zrobią wrażenie i zachwycą.

CHUTNEJ OWOCOWY

1. Chutney żurawinowy Amaretto

SKŁADNIKI:
- 1 szklanka świeżej żurawiny
- ¼ szklanki likieru Amaretto
- ¼ szklanki octu jabłkowego
- ¼ szklanki miodu
- ¼ szklanki posiekanej cebuli
- 1 łyżka startego świeżego imbiru
- ¼ łyżeczki cynamonu
- Sól i pieprz do smaku

INSTRUKCJE:
a) W średnim rondlu wymieszaj żurawinę, amaretto, ocet jabłkowy, miód, cebulę, imbir, cynamon, sól i pieprz.
b) Doprowadzić do wrzenia na średnim ogniu, od czasu do czasu mieszając.
c) Gotuj, aż żurawina pęknie i mieszanina zgęstnieje, około 10-15 minut.
d) Doprawić do smaku, w razie potrzeby dodać więcej soli lub miodu.
e) Podawać jako przyprawa do pieczonych mięs lub jako pasta do kanapek.

2. Chutney żurawinowo-figowy

SKŁADNIKI:

- 4 szklanki żurawiny, grubo posiekanej
- 1 jednocalowy korzeń imbiru, obrany i drobno posiekany
- 1 duża pomarańcza Navel, przekrojona na ćwiartki i drobno posiekana
- 1 mała cebula, pokrojona w drobną kostkę
- ½ szklanki suszonych porzeczek
- 5 Suszone figi, drobno pokrojone
- ½ szklanki orzechów włoskich, prażonych i grubo posiekanych
- 2 łyżki nasion gorczycy
- 2 łyżki octu jabłkowego
- ¾ szklanki Bourbona lub szkockiej whisky (opcjonalnie)
- 1 ½ szklanki jasnobrązowego cukru
- 2 łyżeczki mielonego cynamonu
- 1 łyżeczka mielonej gałki muszkatołowej
- ½ łyżeczki mielonych goździków
- ½ łyżeczki soli
- ⅛ łyżeczki pieprzu cayenne

INSTRUKCJE:

a) W 4-litrowym rondlu wymieszaj grubo posiekaną żurawinę, drobno posiekany imbir, drobno posiekaną pomarańczę z pępka, pokrojoną w kostkę cebulę, suszone porzeczki, pokrojone suszone figi, prażone i posiekane orzechy włoskie, nasiona gorczycy, posiekany imbir, ocet jabłkowy i whisky (jeśli za pomocą).

b) W małej misce dokładnie wymieszaj brązowy cukier, cynamon, gałkę muszkatołową, goździki, sól i pieprz cayenne.

c) Dodaj suche składniki z małej miski do rondla z pozostałymi składnikami. Mieszaj do połączenia wszystkiego.

d) Podgrzewaj mieszaninę aż do wrzenia.

e) Zmniejsz ogień i gotuj chutney przez 25-30 minut, często mieszając.

f) Po ugotowaniu odczekaj, aż chutney ostygnie, a następnie przechowuj go w lodówce do 2 tygodni. Alternatywnie można go zamrozić na okres do 1 roku.

g) Ciesz się pysznym żurawinowo-figowym chutneyem!

3.Chutney ze smoczych owoców

SKŁADNIKI:
- 1 smoczy owoc, pokrojony w kostkę
- 1 łyżka oleju roślinnego
- 1 mała cebula, drobno posiekana
- 2 ząbki czosnku, posiekane
- 1 łyżka startego imbiru
- ¼ szklanki brązowego cukru
- ¼ szklanki octu jabłkowego
- ¼ łyżeczki mielonego cynamonu
- Sól i pieprz do smaku

INSTRUKCJE:
a) Rozgrzej olej w średnim rondlu na średnim ogniu.
b) Dodaj cebulę, czosnek i imbir i smaż, aż cebula będzie miękka i przezroczysta, około 5 minut.
c) Dodaj pokrojony w kostkę smoczy owoc, brązowy cukier, ocet jabłkowy, cynamon, sól i pieprz.
d) Doprowadzić do wrzenia, następnie zmniejszyć ogień i gotować na wolnym ogniu, aż sos zgęstnieje, a smoczy owoc będzie miękki, około 15-20 minut.
e) Podawać jako przyprawa do grillowanych mięs lub jako sos do sajgonek.

4.Chutney żurawinowo-pomarańczowy

SKŁADNIKI:
- 24 uncje całej żurawiny, opłukanej
- 2 szklanki białej cebuli, posiekanej
- 4 łyżeczki imbiru, obranego i startego
- 2 szklanki złotych rodzynek
- 1 1/2 szklanki białego cukru
- 2 szklanki 5% białego octu destylowanego
- 1 1/2 szklanki brązowego cukru
- 1 szklanka soku pomarańczowego
- 3 laski cynamonu

INSTRUKCJE:
a) Połącz wszystkie składniki za pomocą holenderskiego piekarnika. Zagotuj na wysokim poziomie; gotować przez 15 minut.
b) Usuń laski cynamonu i wyrzuć.
c) Napełnij słoiki, pozostawiając 1/2 cala przestrzeni.
d) Uwolnij pęcherzyki powietrza.
e) Szczelnie zamykamy słoiki, następnie podgrzewamy przez 5 minut w łaźni wodnej.

5.Fidżijski chili-mango chutney

SKŁADNIKI:
- 2 dojrzałe mango, obrane, wypestkowane i pokrojone w kostkę
- ½ szklanki) cukru
- ¼ szklanki octu
- 2-3 czerwone papryczki chili, drobno posiekane (w zależności od preferencji pikantności)
- ½ łyżeczki startego imbiru
- ½ łyżeczki mielonych goździków
- Sól dla smaku

INSTRUKCJE:
a) W rondelku wymieszaj mango, cukier, ocet, czerwone papryczki chili, imbir, zmielone goździki i szczyptę soli.
b) Gotuj na małym ogniu, od czasu do czasu mieszając, aż mieszanina zgęstnieje, a mango zmięknie.
c) Pozwól chutneyowi ostygnąć, a następnie przechowuj go w słoiku. Ten pikantny chutney z mango jest idealny do dodania słodko-pikantnego kopa do Twoich posiłków.

6.Chutney z mango

SKŁADNIKI:
- 11 szklanek posiekanego niedojrzałego mango
- 2 1/2 łyżki startego świeżego imbiru
- 4 1/2 szklanki cukru
- 1 łyżeczka soli konserwowej
- 1 1/2 łyżki posiekany świeży czosnek
- 3 szklanki 5% białego octu destylowanego
- 2 1/2 szklanki posiekanej żółtej cebuli
- 2 1/2 szklanki złotych rodzynek
- 4 łyżeczki chili w proszku r

INSTRUKCJE:
a) Połącz cukier i ocet w garnek. Przynieś 5 minut. Dodaj wszystkie pozostałe składniki.
b) Gotuj przez 25 minut, sporadycznie poruszając.
c) Napełnij mieszaninę słoikami, pozostawiając 1/2 cala przestrzeni. Uwolnij pęcherzyki powietrza.
d) Szczelnie zamykamy słoiki, następnie podgrzewamy przez 5 minut w łaźni wodnej.

7. Fidżijski pikantny chutney z tamaryndowca

SKŁADNIKI:
- 1 szklanka miąższu tamaryndowca
- ½ szklanki brązowego cukru
- ¼ szklanki wody
- 2-3 ząbki czosnku, posiekane
- 1-2 czerwone papryczki chili, drobno posiekane (w zależności od preferencji pikantności)
- Sól dla smaku

INSTRUKCJE:
a) W rondlu wymieszaj miąższ tamaryndowca, brązowy cukier, wodę, zmiażdżony czosnek i posiekane papryczki chili.
b) Gotuj na małym ogniu, ciągle mieszając, aż masa zgęstnieje, a cukier się rozpuści.
c) Dopraw solą do smaku.
d) Poczekaj, aż chutney ostygnie, a następnie podawaj jako pikantną przystawkę z Fidżi. Dobrze komponuje się ze smażonymi lub grillowanymi przekąskami.

8.Hodowany pikantny chutney brzoskwiniowy

SKŁADNIKI:
- ½ małej cebuli, posiekanej (około ⅓ szklanki posiekanej) i podsmażonej
- 2 średnie brzoskwinie, wypestkowane i grubo posiekane
- ½ łyżeczki nierafinowanej soli morskiej
- Szczypta czarnego pieprzu
- ⅛ łyżeczki goździków
- ¼ łyżeczki kurkumy w proszku
- ½ łyżeczki mielonej kolendry
- ½ łyżeczki cynamonu
- 1 pieprz cayenne, suszony i rozgnieciony
- 3 łyżki serwatki, 2 kapsułki probiotyczne lub ½ łyżeczki proszku probiotycznego

INSTRUKCJE:
a) Połącz wszystkie składniki w misce; jeśli używasz kapsułek probiotycznych, wsyp zawartość do mieszanki owocowej i wyrzuć puste osłonki kapsułek.
b) Mieszaj, aż dobrze się wymiesza. Wlać mieszaninę do półlitrowego słoika z pokrywką, przykryć i pozostawić w temperaturze pokojowej na około dwanaście godzin.
c) Przechowywać w lodówce, gdzie powinno stać przez około cztery dni.

9. Chutney z marynowanych fig i czerwonej cebuli

SKŁADNIKI:
- 2 szklanki świeżych fig, pokrojonych w ćwiartki
- 1 duża czerwona cebula, pokrojona w cienkie plasterki
- 1 szklanka octu winnego z czerwonego wina
- 1/2 szklanki miodu
- 1 łyżeczka nasion gorczycy
- 1/2 łyżeczki czarnego pieprzu
- Szczypta soli

INSTRUKCJE:
a) W rondlu wymieszaj pokrojone na ćwiartki figi, cienko pokrojoną czerwoną cebulę, czerwony ocet winny, miód, nasiona gorczycy, czarny pieprz i szczyptę soli.
b) Doprowadź mieszaninę do wrzenia i gotuj, aż figi i cebula zmiękną.
c) Przed przeniesieniem chutneyu do czystych słoików poczekaj, aż chutney ostygnie. Uszczelnij i przechowuj w lodówce.

10. Chutney ze śliwek z czarnego bzu

SKŁADNIKI:
- ½ szklanki czerwonej cebuli, posiekanej
- 1 łyżka oliwy z oliwek
- 4 ciemne śliwki, wypestkowane i posiekane (około 2 filiżanek)
- ½ szklanki suszonych owoców róży (lub rodzynek)
- ¾ szklanki cukru
- 1 łyżeczka mielonego cynamonu
- ½ łyżeczki mielonego imbiru
- ½ łyżeczki suszonych goździków
- 1 szklanka octu z czarnego bzu

INSTRUKCJE:

a) W 2-litrowym rondlu podsmaż cebulę na oliwie z oliwek na średnim ogniu, ciągle mieszając, aż będzie przezroczysta, około 5 minut.

b) Dodać śliwki, owoce dzikiej róży, cukier, cynamon, imbir, goździki i ocet z czarnego bzu. Zmniejsz ogień do średniego i gotuj bez przykrycia, aż owoce się zapadną, a mieszanina zgęstnieje, około 25 minut. Często mieszaj, aby zapobiec przywieraniu.

c) Odczekaj, aż chutney ostygnie i przełóż go do półlitrowego słoika. Przechowuj w lodówce do 6 miesięcy (jeśli nie spożyjesz wcześniej!)

d) WSKAZÓWKA ZDROWOTNA: Ciemnoczerwona, niebieska i fioletowa żywność jest naturalnie bogata w korzystne przeciwutleniacze zwane antocyjanami, które są korzystne dla zdrowia układu krążenia, zapobiegania nowotworom i regulacji poziomu glukozy. Szczególnie jagody czarnego bzu znajdują się na szczycie mojej listy środków zapobiegających przeziębieniom i grypie ze względu na ich wysoki poziom aktywności przeciwwirusowej. Preparaty z czarnego bzu, takie jak herbaty, syropy, ocet, krzewy i galaretki, mogą wspomagać zdrowie układu oddechowego, łagodzić zapalenie górnych dróg oddechowych i działać jako środek wykrztuśny w zatkanych płucach.

11.z karmelizowanej gruszki i granatu

SKŁADNIKI:
- 2 duże dojrzałe gruszki (obrane, wydrążone i pokrojone w kostkę)
- 1 szklanka osłonek granatu
- ½ szklanki brązowego cukru
- ¼ szklanki octu jabłkowego
- 1 łyżeczka mielonego cynamonu
- ½ łyżeczki mielonego imbiru
- ¼ łyżeczki mielonych goździków
- Szczypta soli
- 1 łyżka oliwy z oliwek

KIERUNKI:
a) Na patelni rozgrzej oliwę z oliwek na średnim ogniu. Dodajemy pokrojone w kostkę gruszki i smażymy 3-4 minuty, aż zmiękną.
b) Posyp gruszki brązowym cukrem i kontynuuj gotowanie, często mieszając, aż cukier skarmelizuje i pokryje gruszki, około 5-7 minut. Wlać ocet jabłkowy, mieszając, aby odszklić patelnię.
c) Dodać osłonki granatu, mielony cynamon, mielony imbir, mielone goździki i szczyptę soli. Dobrze wymieszać.
d) Zmniejsz ogień do małego i gotuj na wolnym ogniu przez dodatkowe 10 minut lub do momentu, aż chutney zgęstnieje.
e) Zdejmij z ognia i poczekaj, aż chutney ostygnie, a następnie przenieś go do słoika lub pojemnika.

12. Pikantny (fermentowany) chutney owocowy

SKŁADNIKI:
- 3–4 obrane, posiekane jabłka, brzoskwinie lub ½ pokrojonego ananasa
- ½ szklanki suszonych, posiekanych moreli, śliwek, żółtych rodzynek, żurawiny, wiśni, orzechów pekan
- 1 pokrojony por
- Sok z dwóch cytryn
- ¼ szklanki serwatki odsączonej z jogurtu lub kefiru wodnego lub kombuchy (zapewnia dobrą fermentację)
- 2 łyżeczki soli morskiej
- 1 łyżeczka cynamonu
- ⅛ łyżeczki płatków czerwonej papryki
- Do zakrycia woda lub woda kokosowa

INSTRUKCJE:
a) W dużej misce wymieszaj wszystkie składniki oprócz wody.
b) Zapakuj do czystych szklanych słoików, pozostawiając centymetr lub dwa miejsca na górze.
c) Przykryj i odpocznij w temperaturze pokojowej przez 2–3 dni.
d) Przechowywać w lodówce do miesiąca lub zamrozić.

13. Kandyzowany chutney owocowy

SKŁADNIKI:
- 2 szklanki mieszanych kandyzowanych owoców, posiekanych
- 1 szklanka suszonych moreli, posiekanych
- 1/2 szklanki rodzynek
- 1 szklanka brązowego cukru
- 1 szklanka octu jabłkowego
- 1 łyżeczka mielonego imbiru
- 1/2 łyżeczki mielonego cynamonu
- Szczypta pieprzu cayenne (opcjonalnie)

INSTRUKCJE:
a) W rondelku łączymy wszystkie składniki i doprowadzamy do wrzenia.
b) Zmniejsz ogień i gotuj na wolnym ogniu przez 30-40 minut lub do momentu, aż chutney zgęstnieje.
c) Pozwól mu ostygnąć przed podaniem.
d) Ten chutney dobrze komponuje się z pieczonymi mięsami, serami lub jako pasta do kanapek.

14. Owocowy Grill Chutney

SKŁADNIKI:

- 16 małych szalotek
- 1¼ szklanki wytrawnego białego wina
- 4 umiarkowane morele
- 2 duże brzoskwinie
- 2 Całe pomidory śliwkowe
- 12 Całe śliwki
- 2 umiarkowane ząbki czosnku
- 2 łyżki sosu sojowego o niskiej zawartości sodu
- ½ szklanki ciemnego brązowego cukru
- ¼ łyżeczki płatków czerwonej papryki

INSTRUKCJE:

a) W małym rondlu wymieszaj szalotkę i wino, zagotuj na dużym ogniu.
b) Zmniejsz ogień do umiarkowanego i gotuj na wolnym ogniu, przykryj pokrywką , aż szalotka będzie miękka, 15 do 20 minut
c) Wymieszaj pozostałe składniki w dużym rondlu, dodaj szalotkę i wino i zagotuj na dużym ogniu. Zmniejsz ogień do umiarkowanego ; gotuj, aż owoce się rozpadną, ale nadal będą dość grube, 10 do 15 minut. Ostudź.
d) Przenosić część sosu przełóż do robota kuchennego i przecier. Użyj tego jako solanki

15. Słodko-kwaśny chutney z papai

SKŁADNIKI:
- 1 papaja (świeża, dojrzała lub w słoiku)
- 1 mała czerwona cebula, podzielona na bardzo cienkie segmenty
- 1 umiarkowany pomidor (do 2), pozbawiony nasion, pokrojony w małą kostkę
- ½ szklanki szalotki segmentowanej
- 1 mały ananas, pokrojony na kawałki
- 1 łyżka miodu
- Sól dla smaku
- Świeżo zmielony czarny pieprz; do smaku
- ½ świeżego jalapeno, pokrojonego w drobną kostkę

INSTRUKCJE:
Wymieszaj w mikserze

16. Chutney z jabłek i śliwek

SKŁADNIKI:

- 700 gr (1 funt, 8 uncji) jabłek, obranych, wydrążonych i pokrojonych w kostkę
- 1250 gr. (2 funty, 11 uncji) śliwek
- 450 gr. (1 funt) cebuli, obranej i pokrojonej w kostkę
- 2 szklanki sułtanek
- 2 szklanki octu jabłkowego
- 2⅔ szklanki miękkiego brązowego cukru
- 1 łyżka soli
- 1 łyżeczka mielonego, ziela angielskiego
- 1 łyżeczka mielonego imbiru
- ¼ łyżeczki mielonej gałki muszkatołowej
- ¼ łyżeczki mielonego pieprzu cayenne
- ¼ łyżeczki mielonych goździków
- 2 łyżeczki nasion gorczycy
- Sterylizowane szklane słoiki

INSTRUKCJE:

Wszystkie składniki zagotować w dość dużym rondlu. Zmniejszyć ogień. Gotować na wolnym ogniu przez około 2 godziny.

Gdy mieszanina będzie wystarczająco gęsta, przelej chutney do wysterylizowanych słoików i natychmiast je zamknij.

17. Chutney z karamboli

SKŁADNIKI:

- 2 szklanki karamboli (owoców gwiaździstych) pokrojonych w kostkę (3/4 funta)
- ¼ szklanki) cukru
- ½ szklanki wytrawnego czerwonego wina
- 1 łyżka imbiru, obranego i pokrojonego w drobną kostkę
- ¼ łyżeczki mielonych goździków
- 2 łyżki białego octu winnego

INSTRUKCJE:

Wymieszaj wszystkie składniki w umiarkowanym rondlu i dobrze wymieszaj. Doprowadź do wrzenia na średnim ogniu i gotuj przez 25 minut lub dłużej, aż lekko zgęstnieje.

18. Chutney z pigwy z przyprawionym kardamonem

SKŁADNIKI:
- 2 pigwy, obrane, pozbawione gniazd nasiennych i pokrojone w kostkę
- 1 cebula, drobno posiekana
- 1/2 szklanki brązowego cukru
- 1/4 szklanki octu jabłkowego
- 1 łyżeczka mielonego kardamonu
- 1/2 łyżeczki mielonego cynamonu
- 1/4 łyżeczki zmielonych goździków
- Szczypta soli

INSTRUKCJE:
a) W rondelku wymieszaj pokrojone w kostkę pigwy, posiekaną cebulę, brązowy cukier, ocet jabłkowy, mielony kardamon, mielony cynamon, mielone goździki i szczyptę soli.
b) Doprowadź mieszaninę do wrzenia, następnie zmniejsz ogień i gotuj przez około 30-40 minut lub do momentu, aż pigwy będą miękkie, a chutney zgęstnieje.
c) Dostosuj słodkość i przyprawy do smaku.
d) Przed podaniem poczekaj, aż chutney z pigwy ostygnie. Świetnie komponuje się z serami, pieczonymi mięsami lub jako przyprawa do kanapek.

19. Chutney bananowy

SKŁADNIKI:
- 6 bananów
- 1 szklanka posiekanej cebuli
- 1 szklanka rodzynek
- 1 szklanka posiekanych tartych jabłek
- 1 szklanka octu jabłkowego
- 2 szklanki cukru
- 1 łyżka soli
- 1 łyżeczka mielonego imbiru
- 1 łyżeczka gałki muszkatołowej
- ¼ szklanki pieprzu cayenne
- ⅓ szklanki soku z cytryny
- 3 ząbki czosnku posiekane

INSTRUKCJE:
Obierz i rozgnieć banany. W dużym naczyniu żaroodpornym wymieszaj wszystkie składniki. Piecz na grillu w temperaturze 350°C przez około 2 godziny, od czasu do czasu mieszając.
Gdy zgęstnieje, przełóż do wysterylizowanych słoików i zamknij.

20. Chutney daktylowo-pomarańczowy

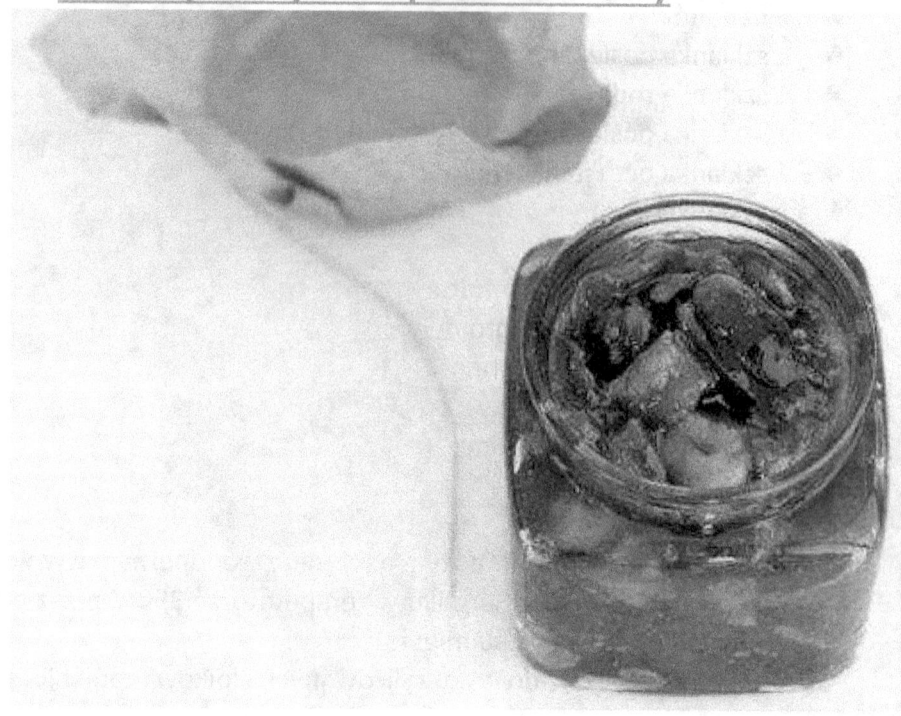

SKŁADNIKI:

- 1 funt pomarańczy nietraktowanych
- 3 ½ szklanki cukru
- 7 łyżek Golden Syrop
- 2 łyżki grubej soli
- ¼ łyżeczki suszonego chilli, rozgniecionego
- 6¾ szklanki octu słodowego
- 1 funt cebuli, pokrojonej w kostkę
- 1 funt daktyli, pestkowanych i pokrojonych w kostkę
- 1 funt rodzynek

INSTRUKCJE:

Zetrzyj skórkę pomarańczową i odłóż na bok. Wyjmij rdzeń z pomarańczy i usuń nasiona. Drobno posiekaj miąższ pomarańczy. W dużym rondlu ze stali nierdzewnej wymieszaj cukier, syrop, sól, chili i ocet.

Doprowadzić do wrzenia na dużym ogniu, mieszając, aby rozpuścić cukier. Dodać pomarańcze, cebulę, daktyle, rodzynki i drobno posiekać startą skórkę. Zmniejszyć ogień i gotować na wolnym ogniu, aż zgęstnieje, około 1 godziny. Wymieszać pozostałą skórkę pomarańczową.

21. Chutney ze świeżego ananasa

SKŁADNIKI:
- 1 duży (6-7 funtów) świeży ananas
- 1 łyżka soli
- ½ dużego ząbka czosnku, rozgniecionego
- 1 ¾ szklanki rodzynek bez pestek
- 1 ¼ szklanki jasnobrązowego cukru
- 1 szklanka octu jabłkowego
- 2 2-calowe laski cynamonu
- ¼ łyżeczki mielonych goździków

INSTRUKCJE:
Obierz, pokrój i drobno posiekaj ananasa. posypać solą i odstawić na 1,5 godziny. Odcedzić.
Przełóż czosnek i rodzynki przez rozdrabniacz żywności za pomocą umiarkowanego ostrza. Dodaj do ananasa.
Wymieszaj cukier, ocet i przyprawy w rondlu i doprowadź do wrzenia. Dodaj mieszankę owocową i gotuj na umiarkowanym ogniu, aż zgęstnieje, około 45 minut. Wlej do gorących, wysterylizowanych słoików typu „frakcyjnego" i natychmiast zamknij.

22. Limonkowy Chutney

SKŁADNIKI:

- 12 limonek
- 2 kapsułki czosnku
- 4-calowy kawałek imbiru
- 8 zielonych chilli
- 1 łyżka chilli w proszku
- 12 łyżek cukru
- 1 szklanka octu

INSTRUKCJE:

a) Oczyść limonki i pokrój je na małe kawałki, usuwając nasiona. Zachowaj sok z limonki, który zebrał się podczas siekania. Drobno pokrój czosnek, imbir i chilli.
b) Wymieszaj wszystkie składniki oprócz octu. Gotuj na małym ogniu, aż mieszanina zgęstnieje.
c) Dodaj ocet i gotuj przez 5 minut.
d) Ostudzić i zabutelkować. Spożywać po 3-4 tygodniach.

23. Chutney limonkowo-jabłkowy

SKŁADNIKI:

- ¼ szklanki świeżego soku z limonki
- 1 łyżka soli
- 1 mała cebula; bardzo drobno
- 1 ½ funta Tarte zielone jabłka
- ¼ łyżeczki płatków czerwonej papryczki chili
- 1 ½ łyżeczki miodu
- ¼ szklanki rozdrobnionych, niesłodzonych wiórków kokosowych

INSTRUKCJE:

W niereaktywnym naczyniu wymieszaj sok z limonki i sól i mieszaj, aż sól się rozpuści.

Dodaj cebulę, jabłka, płatki ostrej papryki, miód i kokos. Wymieszaj, a następnie przykryj pokrywką i odstaw na co najmniej 10 minut przed porcją.

24. Chutney z wędzonych jabłek

SKŁADNIKI:
- 4 funty jabłka Granny Smith, obrane i podzielone na segmenty
- 1 duża czerwona lub zielona papryka, pozbawiona nasion i pokrojona w kostkę
- 2 duże żółte cebule, pokrojone w kostkę
- 1 duży ząbek czosnku, posiekany
- 1 2-calowy kawałek świeżego imbiru, cienko podzielony
- 2 łyżki nasion gorczycy żółtej
- ½ szklanki octu jabłkowego
- ¼ szklanki wody
- 1 szklanka brązowego cukru, zapakowana
- ¾ szklanki rodzynek lub prądów

INSTRUKCJE:
Wymieszaj wszystkie składniki w garnku.
Mieszaj. Umieść na górnym stojaku wędzarni. Przykryć pokrywką wędzarni i wędzić przez 4 do 5 godzin, od czasu do czasu mieszając chutney. W razie potrzeby dodać więcej wody. Wszelkie resztki można przechowywać w zamkniętych słoikach w lodówce przez kilka tygodni.

25. Chutney z nektarynki

SKŁADNIKI:
- 1 szklanka jasnego brązowego cukru (w opakowaniu)
- ½ szklanki octu jabłkowego
- 4 nektarynki, obrane i pokrojone w kostkę (maksymalnie 5)
- 1 szklanka rodzynek
- 1 Cała cytryna, skórka
- 1 Cała cytryna, obrana, pozbawiona nasion i pokrojona w kostkę
- 2 łyżki świeżego imbiru, posiekanego
- 1 duży ząbek czosnku, posiekany
- ½ łyżeczki curry w proszku
- ¼ łyżeczki cayenne

INSTRUKCJE:
W umiarkowanym, niereaktywnym rondlu zagotuj ocet i brązowy cukier na umiarkowanym ogniu, mieszając, aby rozpuścić cukier. Doprowadź do wrzenia. Dodaj pozostałe składniki.
Gotuj przez 3 do 5 minut. Wyjąć z ognia i ostudzić. Przechowywać w lodówce 2 tygodnie lub w puszce. Podawać do drobiu, wieprzowiny lub szynki.

26.Szybki chutney brzoskwiniowy

SKŁADNIKI:
- 2 puszki Segmentowane brzoskwinie w soku; (16 uncji) sok rezerwowy
- ¼ szklanki Plus 1 łyżka białego octu winnego
- ¼ szklanki) cukru
- ½ szklanki cebuli; drobno pokrojonej
- 1 małe Jalapeno, pozbawione łodyg, pozbawione nasion, pokrojone w drobną kostkę
- ½ łyżeczki mielonego kminku
- ¼ łyżeczki kurkumy
- ¼ łyżeczki mielonego cynamonu
- ⅓ szklanki złotych rodzynek

INSTRUKCJE:
a) W średniej wielkości, niealuminiowym rondlu, wymieszaj ocet, cukier, cebulę i papryczki jalapeno. Mieszaj na umiarkowanym ogniu przez 3 minuty.
b) Odsączoną brzoskwinię zmiksuj w robocie kuchennym na grube puree. Dodaj do rondla z ¼ szklanki zarezerwowanego soku brzoskwiniowego, kminkiem, kurkumą, cynamonem i rodzynkami.
c) Doprowadzić do wrzenia, zmniejszyć ogień i gotować 20 minut, często mieszając.
d) Przełóż chutney na talerz. Podawaj na ciepło lub w temperaturze pokojowej.

27. Chutney z mango z przyprawionym kardamonem

SKŁADNIKI:
- 2 szklanki pokrojonego w kostkę dojrzałego mango
- 1/2 szklanki posiekanej czerwonej cebuli
- 1/4 szklanki rodzynek
- 1/2 szklanki brązowego cukru
- 1/2 szklanki octu jabłkowego
- 1 łyżeczka mielonego kardamonu
- 1/2 łyżeczki mielonego imbiru
- 1/4 łyżeczki płatków czerwonej papryki (opcjonalnie)
- Sól dla smaku

INSTRUKCJE:
a) W rondlu wymieszaj pokrojone w kostkę mango, czerwoną cebulę, rodzynki, brązowy cukier, ocet jabłkowy, mielony kardamon, mielony imbir i płatki czerwonej papryki.
b) Doprowadzić mieszaninę do wrzenia, następnie zmniejszyć ogień i gotować na wolnym ogniu przez około 30-40 minut lub do momentu, aż chutney zgęstnieje.
c) Dopraw solą do smaku.
d) Przed podaniem poczekaj, aż chutney ostygnie. Świetnie komponuje się z grillowanymi mięsami, curry lub jako przyprawa do kanapek.

28. Chutney Arbuzowy Z Pieprzem

SKŁADNIKI:
- Skórka z 1 średniego (2,7 do 3,6 kg) arbuza, pokrojonego na ½-calowe kawałki (4 filiżanki)
- 1 duża słodka cebula, drobno posiekana (1 ½ szklanki)
- 1 duża żółta papryka, drobno posiekana (1 szklanka)
- 3 papryczki serrano, pozbawione nasion i drobno posiekane (½ szklanki)
- ¼ szklanki startego, obranego świeżego imbiru (około 6 cali)
- 1 ½ szklanki białego octu winnego
- 1 ½ szklanki cukru
- 1 łyżka nasion gorczycy
- 2 łyżeczki mielonej kurkumy
- 1 łyżeczka soli

INSTRUKCJE:

a) Ten przepis jest pakowany na gorąco, więc czyste słoiki należy pozostawić w gorącej wodzie. W mniejszym garnku dodaj pokrywki i pierścienie, 1 łyżkę destylowanego białego octu i wodę, aby przykryć. Gotować przez 5 minut, następnie zdjąć z ognia i odstawić.

b) W dużym garnku wymieszaj skórkę arbuza, cebulę, paprykę, serranos, imbir, ocet, cukier, nasiona gorczycy, kurkumę i sól. Dobrze wymieszaj. Doprowadzić do wrzenia na średnim ogniu, często mieszając. Zmniejsz ogień do niskiego; dusić przez 1 godzinę, często mieszając.

c) Gorące słoiki połóż na desce do krojenia. Za pomocą lejka nalej gorący chutney do słoików, pozostawiając półcalową przestrzeń nad zawartością. Usuń wszelkie pęcherzyki powietrza i w razie potrzeby dodaj dodatkowy chutney, aby zachować ½-calową przestrzeń nad zawartością.

d) Wytrzyj brzeg każdego słoika ciepłą ściereczką zamoczoną w destylowanym białym occie. Nałóż pokrywkę i pierścień na każdy słoik i dokręć ręcznie.

e) Umieść słoiki w kąpieli wodnej, upewniając się, że każdy słoik jest przykryty wodą na głębokość co najmniej 1 cala. Dodaj 2 łyżki destylowanego białego octu do wody i zwiększ ogień na duży.

f) Doprowadzić do wrzenia i gotować zarówno pinty, jak i pół pinty przez 10 minut.

g) Pamiętaj, aby nie uruchamiać timera, dopóki woda nie osiągnie pełnego wrzenia. Po przetworzeniu odczekaj 5 minut przed wyjęciem słoików z pojemnika.

29.Śliwkowy Chutney Z Rodzynkami

SKŁADNIKI:
- 3 funty (1,4 kg) śliwek (20 średnich), wypestkowanych i posiekanych (10 filiżanek)
- 2 szklanki jasnego lub ciemnego brązowego cukru
- 2 szklanki octu jabłkowego
- 2 szklanki rodzynek
- 1 duża cebula, drobno posiekana (1 szklanka)
- 2 łyżeczki posiekanego świeżego imbiru
- 2 łyżki nasion gorczycy
- ½ łyżeczki soli
- 1 ząbek czosnku, posiekany

INSTRUKCJE:

a) Ten przepis jest pakowany na gorąco, więc czyste słoiki należy pozostawić w gorącej wodzie. W mniejszym garnku dodaj pokrywki i pierścienie, 1 łyżkę destylowanego białego octu i wodę, aby przykryć. Gotować przez 5 minut, następnie zdjąć z ognia i odstawić.

b) W dużym garnku wymieszaj śliwki, brązowy cukier, ocet, rodzynki, cebulę, imbir, gorczycę, sól i czosnek. Dobrze wymieszaj. Doprowadzić do wrzenia na średnim ogniu, często mieszając. Zmniejsz ogień do małego i gotuj na wolnym ogniu przez 30 minut, często mieszając, aby uniknąć przypalenia.

c) Gorące słoiki połóż na desce do krojenia. Za pomocą lejka nalej gorący chutney do słoików, pozostawiając półcalową przestrzeń nad zawartością. Usuń wszelkie pęcherzyki powietrza i w razie potrzeby dodaj dodatkowy chutney, aby zachować ½-calową przestrzeń nad zawartością.

d) Wytrzyj brzeg każdego słoika ciepłą ściereczką zamoczoną w destylowanym białym occie. Nałóż pokrywkę i pierścień na każdy słoik i dokręć ręcznie.

e) Umieść słoiki w kąpieli wodnej, upewniając się, że każdy słoik jest przykryty wodą na głębokość co najmniej 1 cala. Dodaj 2 łyżki destylowanego białego octu do wody i zwiększ ogień na duży. Doprowadzić do wrzenia i gotować zarówno pinty, jak i pół pinty przez 10 minut. Pamiętaj, aby nie uruchamiać timera, dopóki woda nie osiągnie pełnego wrzenia.

f) Po przetworzeniu odczekaj 5 minut przed wyjęciem słoików z pojemnika.

30.Ocetowy chutney brzoskwiniowy

SKŁADNIKI:

- 5 funtów (2,3 kg) żółtych brzoskwiń lub nektarynek, obranych, wypestkowanych i pokrojonych w ½-calową kostkę
- 2 szklanki cukru
- 1 ½ szklanki octu jabłkowego
- 1 szklanka posiekanej słodkiej cebuli
- ¾ szklanki rodzynek
- 2 lub 3 papryczki jalapeño, pokrojone w kostkę
- 1 słodka papryka bananowa lub ½ żółtej papryki pokrojonej w kostkę
- 3 łyżki nasion gorczycy
- 2 łyżki startego świeżego imbiru
- 2 ząbki czosnku, posiekane
- 1 łyżeczka garam masali
- ½ łyżeczki mielonej kurkumy

INSTRUKCJE:

a) Przygotuj kąpiel z gorącą wodą. Umieść w nim słoiki, aby pozostały ciepłe. Umyj pokrywki i pierścienie w gorącej wodzie z mydłem i odłóż na bok.

b) W głębokim garnku lub naczyniu do wekowania ustawionym na średnim ogniu połącz brzoskwinie, cukier, ocet jabłkowy, cebulę, rodzynki, papryczki jalapeno, paprykę bananową, nasiona gorczycy, imbir, czosnek, garam masala i kurkumę. Powoli doprowadzić do wrzenia, często mieszając. Zmniejsz ogień do niskiego. Gotować na wolnym ogniu przez 1 godzinę lub do momentu, aż będzie bardzo gęsta.

c) Włóż chutney do przygotowanych słoików, pozostawiając ¼ cala wolnej przestrzeni. Użyj niemetalowego naczynia, aby uwolnić pęcherzyki powietrza. Wytrzyj felgi do czysta i uszczelnij pokrywkami i pierścieniami.

d) Przetwarzaj słoiki w gorącej łaźni wodnej przez 10 minut. Wyłącz ogień i pozostaw słoiki w łaźni wodnej na 10 minut.

e) Ostrożnie wyjmij słoiki z pojemnika na gorącą wodę. Odstawić do ostygnięcia na 12 godzin.

f) Sprawdź, czy pokrywy są prawidłowo uszczelnione. Wyjmij pierścienie, wytrzyj słoiki, opisz je i opatrz datą, a następnie przenieś do szafki lub spiżarni.
g) Aby uzyskać najlepszy smak, przed podaniem należy pozostawić chutney do dojrzewania na 3 do 4 tygodni. Wszystkie słoiki, które nie są prawidłowo zamknięte, przechowuj w lodówce i zużyj w ciągu 6 tygodni. Prawidłowo zamknięte słoiki wytrzymają w szafce przez 12 miesięcy. Po otwarciu przechowywać w lodówce i spożyć w ciągu 6 tygodni.

31. Chutney czosnkowo-limonkowy

SKŁADNIKI:
- 12 limonek, umytych i pokrojonych w ½-calową kostkę
- 12 ząbków czosnku, pokrojonych wzdłuż w cienkie plasterki
- 1 (4-calowy) kawałek świeżego imbiru, obrany i pokrojony w cienkie plasterki
- 8 zielonych papryczek chili (jalapeño lub serrano), pozbawionych łodyg, pozbawionych nasion i pokrojonych w cienkie plasterki
- 1 łyżka chili w proszku
- 1 szklanka destylowanego białego octu
- ¾ szklanki cukru

INSTRUKCJE:
a) Przygotuj kąpiel z gorącą wodą. Umieść w nim słoiki, aby pozostały ciepłe. Umyj pokrywki i pierścienie w gorącej wodzie z mydłem i odłóż na bok.
b) W średnim rondlu połącz limonki, czosnek, imbir, chili i chili w proszku, dobrze wymieszaj i zagotuj.
c) Dodaj ocet i cukier, ponownie zagotuj i gotuj, mieszając od czasu do czasu, aż limonki będą miękkie, a mieszanina będzie na tyle gęsta, że po zrzuceniu z łyżki utworzy się kopiec, około 70 minut. Zdjąć z ognia.
d) Włóż chutney do przygotowanych słoików, pozostawiając ¼ cala wolnej przestrzeni. Użyj niemetalowego naczynia, aby uwolnić pęcherzyki powietrza. Wytrzyj felgi do czysta i uszczelnij pokrywkami i pierścieniami.
e) Przetwarzaj słoiki w gorącej łaźni wodnej przez 20 minut. Wyłącz ogień i pozostaw słoiki w łaźni wodnej na 10 minut.
f) Ostrożnie wyjmij słoiki z pojemnika na gorącą wodę. Odstawić do ostygnięcia na 12 godzin.
g) Sprawdź, czy pokrywy są prawidłowo uszczelnione. Wyjmij pierścienie, wytrzyj słoiki, opisz je i opatrz datą, a następnie przenieś do szafki lub spiżarni.
h) Aby uzyskać najlepszy smak, przed podaniem odstaw chutney na 3 dni. Wszystkie słoiki, które nie są prawidłowo zamknięte, przechowuj w lodówce i zużyj w ciągu 6 tygodni. Prawidłowo zamknięte słoiki wytrzymają w szafce przez 12 miesięcy.
i) Po otwarciu przechowywać w lodówce i spożyć w ciągu 6 tygodni.

32.Chutney Z Ananasa I Jalapeno

SKŁADNIKI:
- 2 szklanki pokrojonego w kostkę ananasa
- 1 papryczka jalapeno, pozbawiona nasion i drobno posiekana
- 1/2 szklanki octu jabłkowego
- 1/4 szklanki brązowego cukru
- 1 łyżeczka startego imbiru
- 1/2 łyżeczki nasion gorczycy
- Szczypta soli

INSTRUKCJE:

a) W rondlu wymieszaj pokrojony w kostkę ananas, posiekane jalapeno, ocet jabłkowy, brązowy cukier, starty imbir, nasiona gorczycy i szczyptę soli.

b) Doprowadzić mieszaninę do wrzenia na średnim ogniu, następnie zmniejszyć ogień do małego i gotować na wolnym ogniu przez około 20-25 minut, mieszając od czasu do czasu, aż chutney zgęstnieje.

c) Zdjąć z ognia i ostudzić przed przeniesieniem do wysterylizowanych słoików. Przechowywać w lodówce.

33. Chutney z pikantnych jabłek i żurawiny

SKŁADNIKI:

- 2 szklanki pokrojonych w kostkę jabłek (takich jak Granny Smith)
- 1 szklanka świeżej lub mrożonej żurawiny
- 1/2 szklanki octu jabłkowego
- 1/2 szklanki granulowanego cukru
- 1/4 szklanki wody
- 1 łyżeczka mielonego cynamonu
- 1/4 łyżeczki zmielonych goździków
- Szczypta soli

INSTRUKCJE:

a) W rondelku wymieszaj pokrojone w kostkę jabłka, żurawinę, ocet jabłkowy, cukier, wodę, mielony cynamon, mielone goździki i szczyptę soli.

b) Doprowadzić mieszaninę do wrzenia na średnim ogniu, następnie zmniejszyć ogień do małego i gotować na wolnym ogniu przez około 15-20 minut, od czasu do czasu mieszając, aż jabłka i żurawina zmiękną, a chutney zgęstnieje.

c) Zdjąć z ognia i ostudzić przed przeniesieniem do wysterylizowanych słoików. Przechowywać w lodówce.

34. Słodki i pikantny chutney z mango

SKŁADNIKI:

- 2 dojrzałe mango, obrane, wypestkowane i pokrojone w kostkę
- 1/2 szklanki białego octu
- 1/2 szklanki brązowego cukru
- 1 mała cebula, drobno posiekana
- 2 ząbki czosnku, posiekane
- 1 łyżka startego imbiru
- 1 łyżeczka nasion gorczycy
- 1/2 łyżeczki mielonej kurkumy
- 1/4 łyżeczki pieprzu cayenne (dostosuj do smaku)
- Szczypta soli

INSTRUKCJE:

a) W rondelku wymieszaj pokrojone w kostkę mango, biały ocet, brązowy cukier, posiekaną cebulę, posiekany czosnek, starty imbir, nasiona gorczycy, mieloną kurkumę, pieprz cayenne i szczyptę soli.

b) Doprowadzić mieszaninę do wrzenia na średnim ogniu, następnie zmniejszyć ogień do małego i gotować na wolnym ogniu przez około 25-30 minut, mieszając od czasu do czasu, aż chutney zgęstnieje.

c) Zdjąć z ognia i ostudzić przed przeniesieniem do wysterylizowanych słoików. Przechowywać w lodówce.

35.Chutney wiśniowo-balsamiczny

SKŁADNIKI:
- 2 szklanki świeżych lub mrożonych wiśni, bez pestek
- 1/2 szklanki octu balsamicznego
- 1/4 szklanki miodu
- 1/4 szklanki wody
- 1 łyżeczka startej skórki pomarańczowej
- 1/4 łyżeczki mielonego cynamonu
- Szczypta soli

INSTRUKCJE:
a) W rondelku wymieszaj pestki wiśni, ocet balsamiczny, miód, wodę, startą skórkę pomarańczową, mielony cynamon i szczyptę soli.
b) Doprowadzić mieszaninę do wrzenia na średnim ogniu, następnie zmniejszyć ogień do małego i gotować na wolnym ogniu przez około 20-25 minut, od czasu do czasu mieszając, aż wiśnie zmiękną, a chutney zgęstnieje.
c) Zdjąć z ognia i ostudzić przed przeniesieniem do wysterylizowanych słoików. Przechowywać w lodówce.

36.Chutney Gruszkowy I Imbirowy

SKŁADNIKI:

- 2 dojrzałe gruszki, obrane, pozbawione gniazd nasiennych i pokrojone w kostkę
- 1/2 szklanki octu jabłkowego
- 1/4 szklanki granulowanego cukru
- 1/4 szklanki brązowego cukru
- 1 mała cebula, drobno posiekana
- 2 łyżki świeżego imbiru, posiekanego
- 1/2 łyżeczki nasion gorczycy
- 1/4 łyżeczki mielonego cynamonu
- Szczypta soli

INSTRUKCJE:

a) W rondelku wymieszaj pokrojone w kostkę gruszki, ocet jabłkowy, cukier granulowany, cukier brązowy, posiekaną cebulę, posiekany imbir, nasiona gorczycy, mielony cynamon i szczyptę soli.

b) Doprowadzić mieszaninę do wrzenia na średnim ogniu, następnie zmniejszyć ogień do małego i gotować na wolnym ogniu przez około 20-25 minut, mieszając od czasu do czasu, aż chutney zgęstnieje.

c) Zdjąć z ognia i ostudzić przed przeniesieniem do wysterylizowanych słoików. Przechowywać w lodówce.

37. Pikantny śliwkowy chutney

SKŁADNIKI:
- 2 szklanki pokrojonych w kostkę śliwek
- 1/2 szklanki octu jabłkowego
- 1/4 szklanki granulowanego cukru
- 1/4 szklanki suszonej żurawiny
- 1 mała cebula, drobno posiekana
- 2 ząbki czosnku, posiekane
- 1 łyżeczka nasion gorczycy
- 1/2 łyżeczki mielonego imbiru
- 1/4 łyżeczki zmielonych goździków
- Szczypta soli

INSTRUKCJE:

a) W rondelku wymieszaj pokrojone w kostkę śliwki, ocet jabłkowy, cukier granulowany, suszoną żurawinę, posiekaną cebulę, posiekany czosnek, nasiona gorczycy, mielony imbir, mielone goździki i szczyptę soli.

b) Doprowadzić mieszaninę do wrzenia na średnim ogniu, następnie zmniejszyć ogień do małego i gotować na wolnym ogniu przez około 25-30 minut, mieszając od czasu do czasu, aż chutney zgęstnieje.

c) Zdjąć z ognia i ostudzić przed przeniesieniem do wysterylizowanych słoików. Przechowywać w lodówce.

38.Chutney Z Kiwi I Ananasa

SKŁADNIKI:
- 2 dojrzałe kiwi, obrane i pokrojone w kostkę
- 1 szklanka pokrojonego w kostkę ananasa
- 1/2 szklanki octu jabłkowego
- 1/4 szklanki brązowego cukru
- 1 mała czerwona papryka, pokrojona w kostkę
- 1 mała cebula, drobno posiekana
- 1 łyżeczka startego imbiru
- 1/4 łyżeczki płatków czerwonej papryki
- Szczypta soli

INSTRUKCJE:

a) W rondlu wymieszaj pokrojone w kostkę kiwi, pokrojony w kostkę ananas, ocet jabłkowy, brązowy cukier, pokrojoną w kostkę czerwoną paprykę, posiekaną cebulę, starty imbir, płatki czerwonej papryki i szczyptę soli.

b) Doprowadzić mieszaninę do wrzenia na średnim ogniu, następnie zmniejszyć ogień do małego i gotować na wolnym ogniu przez około 20-25 minut, mieszając od czasu do czasu, aż chutney zgęstnieje.

c) Zdjąć z ognia i ostudzić przed przeniesieniem do wysterylizowanych słoików. Przechowywać w lodówce.

CHUTNEJ WARZYWNY

39.Chutney z Bakłażana I Pomidorów

SKŁADNIKI:
- 1,5 kg dojrzałych jaj lub pomidorów dojrzewających na winorośli
- 1 ½ łyżeczki nasion kopru włoskiego
- 1 ½ łyżeczki nasion kminku
- 1 ½ łyżeczki brązowych nasion gorczycy
- ¼ szklanki oliwy z oliwek z pierwszego tłoczenia
- 2 czerwone cebule, drobno posiekane
- 2 ząbki czosnku, drobno posiekane
- 2 czerwone chilli typu „ptasie oko", pozbawione nasion i drobno posiekane
- 2 łyżeczki liści tymianku
- 450 g bakłażana pokrojonego na 1 cm kawałki
- 3 jabłka Granny Smith, obrane, wydrążone i pokrojone na 1 cm kawałki
- 1 szklanka czerwonego octu winnego
- 1 szklanka mocno upakowanego brązowego cukru

INSTRUKCJE:
a) Wykonaj małe nacięcie w kształcie krzyża u podstawy każdego pomidora, następnie blanszuj je w trzech oddzielnych partiach w garnku z wrzącą wodą przez około 30 sekund lub do momentu, aż skórka zacznie się rozluźniać. Następnie szybko ostudź je w zlewie wypełnionym zimną wodą, a następnie obierz pomidory.
b) Obrane pomidory przekrój poziomo na pół, wyjmij nasiona i sok do miski; odłóż je na bok. Miąższ pomidorów drobno posiekaj i również odłóż na bok.
c) W dużym rondlu o grubym dnie mieszaj nasiona kopru włoskiego, nasiona kminku i brązowe nasiona gorczycy na średnim ogniu przez około 1 minutę lub do momentu, aż zaczną wydzielać zapach. Następnie przełóż przyprawy do miski.
d) Ponownie postaw rondelek na średnim ogniu, dodając oliwę z oliwek. Teraz dodaj drobno posiekaną cebulę, czosnek, chilli, tymianek i 3 łyżeczki soli. Mieszaj od czasu do czasu i gotuj przez około 5 minut.
e) Dodaj bakłażana do mieszanki i kontynuuj gotowanie, od czasu do czasu mieszając, przez około 8 minut lub do momentu, aż warzywa

staną się miękkie. Dodaj posiekany miąższ pomidorowy, wcześniej podprażone przyprawy, jabłka, czerwony ocet winny i brązowy cukier.
f) Odcedź zarezerwowany sok pomidorowy do rondla, usuwając nasiona. Doprowadź mieszaninę do wrzenia, a następnie gotuj przez około 45 minut lub do momentu, aż większość płynu odparuje.
g) Gorący chutney przełóż do wysterylizowanych słoików, gdy są jeszcze ciepłe, i natychmiast je zamknij.

40. Chutney z rabarbaru

SKŁADNIKI:
- 1 funt rabarbaru
- 2 łyżeczki Grubo startego świeżego imbiru
- 2 ząbki czosnku
- 1 chili Jalapeno, (lub więcej) nasion i żyłek Wyjmij
- 1 łyżeczka papryki
- 1 łyżka nasion czarnej gorczycy
- ¼ szklanki porzeczek
- 1 szklanka jasnobrązowego cukru
- 1 ½ szklanki jasnego octu

INSTRUKCJE:
a) Rabarbar umyj i pokrój na kawałki o grubości centymetra. Jeśli łodygi są szerokie, najpierw przekrój je wzdłuż na połówki lub na trzy części.
b) Drobno posiekaj starty imbir z czosnkiem i chili.
c) Wszystkie składniki umieścić w niekorozyjnym naczyniu, doprowadzić do wrzenia, następnie zmniejszyć ogień i gotować na wolnym ogniu, aż rabarbar się rozpadnie i będzie miał konsystencję dżemu, około 30 minut.
d) Przechowywać w lodówce w szklanym słoju.

41. Chutney cebulowy

SKŁADNIKI:
- 6 szklanek pokrojonej w kostkę słodkiej cebuli
- ½ szklanki świeżego soku z cytryny
- 2 łyżeczki całych nasion kminku
- 1 łyżeczka całych nasion gorczycy
- ½ łyżeczki sosu Tabasco
- ¼ łyżeczki płatków czerwonej papryki
- 2 łyżeczki mielonej papryczki chili
- ¼ szklanki jasnobrązowego cukru
- 1 sól do smaku

INSTRUKCJE:
Wszystkie składniki wymieszać w ciężkim rondlu ustawionym na umiarkowanym ogniu. Doprowadzić do wrzenia, często mieszając. Gdy mieszanina się zagotuje, natychmiast zdjąć z ognia i zapakować do gorących, wysterylizowanych słoików. Zamknąć próżniowo.

42. Chutney z cukinii

SKŁADNIKI:
- 3 umiarkowane cukinie
- 1 Cebula
- ½ łyżeczki Hing
- ½ łyżeczki Tamconu
- 2 zielone chilli

INSTRUKCJE:

a) Podsmaż pokrojoną cukinię, cebulę i zielone chilli. Dodaj kurkumę, sól, gotuj na małym ogniu przez 5 do 10 minut. Zagotuj tamcon, dodaj do powyższej mieszanki.

b) Całość zmiel w mikserze.

43.Chutney Pomidorowy Z Chile

SKŁADNIKI:
- 1 łyżeczka nasion kminku
- 1 łyżeczka nasion czarnej gorczycy
- 1 łyżeczka nasion kolendry
- 1 łyżeczka nasion kopru włoskiego
- 4 suszone chilli
- ½ łyżeczki płatków czerwonej papryki
- 2 szklanki białego octu
- ½ szklanki) cukru
- 8 szklanek obranych, posiekanych i odsączonych pomidorów rzymskich lub innych past
- 12 ząbków czosnku, posiekanych
- 1 łyżeczka soli marynowanej

INSTRUKCJE:

a) Na gorącej, suchej patelni połącz nasiona kminku, nasiona gorczycy, nasiona kolendry, nasiona kopru włoskiego i chili. Podsmaż przyprawy, ciągle mieszając, aż zaczną wydzielać aromat. Przyprawy przełożyć do małej miski. Dodaj płatki czerwonej papryki. Odłożyć na bok.

b) W dużym garnku ustawionym na średnim ogniu wymieszaj biały ocet i cukier. Doprowadzić do wrzenia, mieszając, aby rozpuścić cukier.

c) Dodaj pomidory, zarezerwowane przyprawy i czosnek. Doprowadzić do wrzenia. Zmniejsz ogień do średniego. Gotuj na wolnym ogniu przez około 1,5 godziny lub do momentu, aż zgęstnieje. Na początku mieszaj od czasu do czasu, a w miarę gęstnienia coraz częściej. Gdy zgęstnieje, dodaj sól marynowaną i zdejmij z ognia.

d) Przygotuj kąpiel z gorącą wodą. Umieść w nim słoiki, aby pozostały ciepłe. Umyj pokrywki i pierścienie w gorącej wodzie z mydłem i odłóż na bok.

e) Włóż chutney do przygotowanych słoików, pozostawiając ½ cala wolnej przestrzeni. Użyj niemetalowego naczynia, aby uwolnić pęcherzyki powietrza. Wytrzyj felgi do czysta i uszczelnij pokrywkami i pierścieniami.

f) Przetwarzaj słoiki w gorącej łaźni wodnej przez 15 minut. Wyłącz ogień i pozostaw słoiki w łaźni wodnej na 10 minut.
g) Ostrożnie wyjmij słoiki z pojemnika na gorącą wodę. Odstawić do ostygnięcia na 12 godzin.
h) Sprawdź, czy pokrywy są prawidłowo uszczelnione. Wyjmij pierścienie, wytrzyj słoiki, opisz je i opatrz datą, a następnie przenieś do szafki lub spiżarni.
i) Aby uzyskać najlepszy smak, przed podaniem należy pozostawić chutney do dojrzewania na 3 do 4 tygodni. Wszystkie słoiki, które nie są prawidłowo zamknięte, przechowuj w lodówce i zużyj w ciągu 6 tygodni. Prawidłowo zamknięte słoiki wytrzymują w szafce 12.

44. Chutney Z Marchwi I Imbiru

SKŁADNIKI:
- 2 szklanki startej marchewki
- 1 łyżka startego imbiru
- 1/2 szklanki octu jabłkowego
- 1/4 szklanki miodu lub brązowego cukru
- 1 łyżeczka nasion gorczycy
- 1/2 łyżeczki nasion kminku
- 1/4 łyżeczki kurkumy w proszku
- Sól dla smaku

INSTRUKCJE:
a) Na patelni rozgrzej łyżkę oleju. Dodaj nasiona gorczycy i kminek. Gdy zaczną bulgotać, dodać startą marchewkę i starty imbir. Gotuj, aż marchewka zmięknie.
b) Dodaj ocet jabłkowy, miód (lub brązowy cukier), kurkumę w proszku i sól. Dobrze wymieszać.
c) Gotuj na małym ogniu, aż mieszanina zgęstnieje, od czasu do czasu mieszając. Dostosuj słodkość i przyprawy według smaku.
d) Przed przechowywaniem w sterylizowanych słoikach poczekaj, aż całkowicie ostygnie. Przechowywać w lodówce i zużyć w ciągu kilku tygodni.

45. Chutney z papryki

SKŁADNIKI:

- 2 czerwone papryki, pokrojone w kostkę
- 1 zielona papryka, pokrojona w kostkę
- 1 cebula, posiekana
- 2 ząbki czosnku, posiekane
- 1-calowy kawałek imbiru, starty
- 1 łyżka oleju roślinnego
- 2 łyżki octu jabłkowego
- 2 łyżki brązowego cukru
- 1/2 łyżeczki nasion kminku
- Sól dla smaku

INSTRUKCJE:

a) Rozgrzej olej na patelni na średnim ogniu. Dodaj nasiona kminku i pozwól im bulgotać.
b) Dodać posiekaną cebulę, przeciśnięty przez praskę czosnek i starty imbir. Smażyć, aż cebula stanie się przezroczysta.
c) Dodać pokrojoną w kostkę paprykę i smażyć, aż zmięknie.
d) Wymieszaj ocet jabłkowy, brązowy cukier i sól. Gotuj, aż chutney lekko zgęstnieje.
e) Przed przełożeniem chutneyu do wysterylizowanych słoików poczekaj, aż chutney ostygnie. Przechowywać w lodówce.

46.Pikantny chutney z kalafiora

SKŁADNIKI:

- 2 szklanki różyczek kalafiora
- 1 cebula, posiekana
- 2 zielone chilli, posiekane
- 2 ząbki czosnku, posiekane
- 1 łyżeczka nasion gorczycy
- 1 łyżeczka nasion kminku
- 1/4 łyżeczki kurkumy w proszku
- 1/4 szklanki białego octu
- 2 łyżki brązowego cukru
- Sól dla smaku

INSTRUKCJE:

a) Ugotuj różyczki kalafiora na parze, aż będą miękkie, a następnie grubo je posiekaj.
b) Rozgrzej olej na patelni na średnim ogniu. Dodaj nasiona gorczycy i kminek. Niech gadają.
c) Dodaj posiekaną cebulę, zielone chilli i posiekany czosnek. Smażyć, aż cebula nabierze złocistego koloru.
d) Wymieszaj posiekany kalafior, kurkumę w proszku, biały ocet, brązowy cukier i sól. Gotuj, aż mieszanina zgęstnieje.
e) Przed umieszczeniem chutney w sterylizowanych słoikach poczekaj, aż chutney całkowicie ostygnie. Przechowywać w lodówce i zużyć w ciągu kilku tygodni.

47. Chutney z buraków

SKŁADNIKI:
- 2 szklanki startych buraków
- 1 cebula, posiekana
- 2 ząbki czosnku, posiekane
- 1-calowy kawałek imbiru, starty
- 1/4 szklanki octu jabłkowego
- 2 łyżki miodu lub brązowego cukru
- 1/2 łyżeczki nasion kminku
- 1/4 łyżeczki cynamonu w proszku
- Sól dla smaku

INSTRUKCJE:
a) Rozgrzej olej na patelni na średnim ogniu. Dodaj nasiona kminku i pozwól im bulgotać.
b) Dodać posiekaną cebulę, przeciśnięty przez praskę czosnek i starty imbir. Smażyć, aż cebula stanie się przezroczysta.
c) Dodaj startego buraka i gotuj, aż zmięknie.
d) Wymieszaj ocet jabłkowy, miód (lub brązowy cukier), cynamon w proszku i sól. Gotuj, aż chutney lekko zgęstnieje.
e) Przed przełożeniem chutneyu do wysterylizowanych słoików poczekaj, aż chutney całkowicie ostygnie. Przechowywać w lodówce.

48. Chutney ze szpinaku i orzechów ziemnych

SKŁADNIKI:
- 2 szklanki świeżych liści szpinaku
- 1/2 szklanki prażonych orzeszków ziemnych
- 2 zielone chilli
- 2 ząbki czosnku
- 1-calowy kawałek imbiru
- 2 łyżki soku z cytryny
- Sól dla smaku

INSTRUKCJE:

a) W blenderze lub robocie kuchennym połącz świeże liście szpinaku, prażone orzeszki ziemne, zielone chilli, czosnek, imbir, sok z cytryny i sól.

b) Mieszaj na gładką masę, w razie potrzeby dodając trochę wody, aby uzyskać pożądaną konsystencję.

c) Przełóż chutney do miski, w której będziesz podawać. W razie potrzeby dopraw do smaku. Podawać jako dip lub pasta do smarowania.

49.Chutney z rzodkiewki

SKŁADNIKI:
- 2 szklanki startej rzodkiewki
- 1 cebula, posiekana
- 2 zielone chilli
- 2 łyżki wiórków kokosowych
- 1 łyżka soku z cytryny
- 1 łyżeczka nasion gorczycy
- 1/2 łyżeczki nasion kminku
- Szczypta asafetydy (hing)
- Sól dla smaku

INSTRUKCJE:

a) Rozgrzej olej na patelni na średnim ogniu. Dodaj nasiona gorczycy i pozwól im bulgotać.
b) Dodaj nasiona kminku i asafetydę, a następnie posiekaną cebulę i zielone chilli. Smażyć, aż cebula stanie się przezroczysta.
c) Dodać startą rzodkiewkę i smażyć aż zmięknie.
d) Dodaj wiórki kokosowe i gotuj przez kolejną minutę.
e) Zdejmij z ognia i pozwól mieszaninie lekko ostygnąć. Następnie dodaj sok z cytryny i sól. Dobrze wymieszaj.
f) Podawaj chutney z rzodkiewki jako dodatek lub przyprawę.

50.Chutney Z Kukurydzy I Pomidorów

SKŁADNIKI:
- 1 szklanka świeżych ziaren kukurydzy
- 2 pomidory, posiekane
- 1 cebula, posiekana
- 2 ząbki czosnku, posiekane
- 1-calowy kawałek imbiru, starty
- 2 zielone chilli
- 1 łyżka oleju roślinnego
- 1 łyżeczka nasion gorczycy
- 1/2 łyżeczki kurkumy w proszku
- Sól dla smaku
- Świeże liście kolendry do dekoracji

INSTRUKCJE:
a) Rozgrzej olej na patelni na średnim ogniu. Dodaj nasiona gorczycy i pozwól im bulgotać.
b) Dodać posiekaną cebulę, przeciśnięty przez praskę czosnek, starty imbir i zielone chilli. Smażyć, aż cebula będzie miękka i przezroczysta.
c) Dodaj świeże ziarna kukurydzy i pokrojone pomidory. Gotuj, aż pomidory będą miękkie, a kukurydza miękka.
d) Wymieszaj kurkumę w proszku i sól. Dobrze wymieszaj i gotuj przez kolejną minutę.
e) Zdejmij z ognia i poczekaj, aż chutney lekko ostygnie. Przed podaniem udekoruj świeżymi liśćmi kolendry.

51. Chutney z zielonej fasoli

SKŁADNIKI:
- 2 szklanki posiekanej zielonej fasolki
- 1 cebula, posiekana
- 2 zielone chilli
- 2 łyżki wiórków kokosowych
- 1 łyżka pasty z tamaryndowca
- 1 łyżeczka nasion gorczycy
- 1/2 łyżeczki nasion kminku
- Szczypta asafetydy (hing)
- Sól dla smaku

INSTRUKCJE:
a) Rozgrzej olej na patelni na średnim ogniu. Dodaj nasiona gorczycy i pozwól im bulgotać.
b) Dodaj nasiona kminku i asafetydę, a następnie posiekaną cebulę i zielone chilli. Smażyć, aż cebula stanie się przezroczysta.
c) Dodaj posiekaną zieloną fasolkę i gotuj, aż będą miękkie.
d) Wymieszać z tartym kokosem i pastą tamaryndowca. Gotuj przez kolejną minutę.
e) Zdejmij z ognia i pozwól mieszaninie lekko ostygnąć. Następnie dodaj sól i dobrze wymieszaj.
f) Podawaj chutney z fasolki szparagowej jako dodatek lub przyprawę.

52. Pikantny chutney z zielonych pomidorów

SKŁADNIKI:

- 2 szklanki zielonych pomidorów, pokrojonych w kostkę
- 1 cebula, drobno posiekana
- 2 zielone chilli, posiekane
- 2 ząbki czosnku, posiekane
- 1-calowy kawałek imbiru, starty
- 1/4 szklanki octu jabłkowego
- 2 łyżki brązowego cukru
- 1/2 łyżeczki nasion gorczycy
- 1/2 łyżeczki nasion kminku
- 1/4 łyżeczki kurkumy w proszku
- Sól dla smaku

INSTRUKCJE:

a) Rozgrzej olej na patelni na średnim ogniu. Dodaj nasiona gorczycy i kminek. Niech gadają.
b) Dodaj posiekaną cebulę, zielone chilli, posiekany czosnek i starty imbir. Smażyć, aż cebula stanie się przezroczysta.
c) Dodaj pokrojone w kostkę zielone pomidory i smaż, aż zmiękną.
d) Wymieszaj ocet jabłkowy, brązowy cukier, kurkumę w proszku i sól. Gotuj, aż mieszanina lekko zgęstnieje.
e) Przed przełożeniem chutneyu do wysterylizowanych słoików poczekaj, aż chutney całkowicie ostygnie. Przechowywać w lodówce.

53.Chutney Z Dyni I Rodzynków

SKŁADNIKI:
- 2 szklanki dyni, pokrojonej w kostkę
- 1 cebula, posiekana
- 1/2 szklanki rodzynek
- 2 łyżki octu jabłkowego
- 2 łyżki miodu lub brązowego cukru
- 1/2 łyżeczki nasion gorczycy
- 1/2 łyżeczki nasion kminku
- 1/4 łyżeczki cynamonu w proszku
- szczypta gałki muszkatołowej
- Sól dla smaku

INSTRUKCJE:
a) Rozgrzej olej na patelni na średnim ogniu. Dodaj nasiona gorczycy i kminek. Niech gadają.
b) Dodaj posiekaną cebulę i smaż, aż staną się półprzezroczyste.
c) Dodajemy pokrojoną w kostkę dynię i smażymy, aż zmięknie.
d) Wymieszaj rodzynki, ocet jabłkowy, miód (lub brązowy cukier), cynamon w proszku, gałkę muszkatołową i sól. Gotuj, aż chutney lekko zgęstnieje.
e) Przed przełożeniem chutneyu do wysterylizowanych słoików poczekaj, aż chutney całkowicie ostygnie. Przechowywać w lodówce.

54. Chutney Szpinakowo-Kokosowy

SKŁADNIKI:
- 2 szklanki liści szpinaku, umytych i posiekanych
- 1 cebula, posiekana
- 1/2 szklanki wiórków kokosowych
- 2 zielone chilli
- 2 łyżki soku z cytryny
- 1 łyżeczka nasion gorczycy
- 1/2 łyżeczki nasion kminku
- 1/4 łyżeczki kurkumy w proszku
- Sól dla smaku

INSTRUKCJE:

a) Rozgrzej olej na patelni na średnim ogniu. Dodaj nasiona gorczycy i kminek. Niech gadają.
b) Dodaj posiekaną cebulę i smaż, aż staną się półprzezroczyste.
c) Dodać posiekane liście szpinaku i smażyć, aż zwiędną.
d) Wymieszaj wiórki kokosowe, zielone chilli, sok z cytryny, kurkumę w proszku i sól. Gotuj jeszcze kilka minut.
e) Przed przełożeniem chutneyu do wysterylizowanych słoików poczekaj, aż chutney całkowicie ostygnie. Przechowywać w lodówce.

55. Chutney Z Rzodkiewki I Mięty

SKŁADNIKI:
- 2 szklanki startej rzodkiewki
- 1/2 szklanki świeżych liści mięty
- 1/4 szklanki prażonych orzeszków ziemnych
- 2 zielone chilli
- 2 łyżki soku z cytryny
- 1 łyżeczka nasion gorczycy
- 1/2 łyżeczki nasion kminku
- 1/4 łyżeczki czerwonego chili w proszku
- Sól dla smaku

INSTRUKCJE:
a) Rozgrzej olej na patelni na średnim ogniu. Dodaj nasiona gorczycy i kminek. Niech gadają.
b) Dodajemy startą rzodkiewkę i smażymy aż zmięknie.
c) W blenderze połącz świeże liście mięty, prażone orzeszki ziemne, zielone chilli, sok z cytryny, czerwone chili w proszku i sól. Zmiksuj na gładką pastę.
d) Wymieszaj pastę miętową z ugotowaną mieszanką rzodkiewki. Gotuj jeszcze kilka minut.
e) Przed przełożeniem chutneyu do wysterylizowanych słoików poczekaj, aż chutney całkowicie ostygnie. Przechowywać w lodówce.

56.Capsicum (Papryka) I Chutney Pomidorowy

SKŁADNIKI:

- 2 średniej wielkości pomidory, pokrojone w kostkę
- 2 średniej wielkości papryki (papryki), pokrojone w kostkę
- 1 cebula, drobno posiekana
- 2 zielone chilli, posiekane
- 1 łyżka pasty imbirowo-czosnkowej
- 1 łyżeczka nasion gorczycy
- 1 łyżeczka nasion kminku
- 1/2 łyżeczki kurkumy w proszku
- 1 łyżeczka czerwonego chili w proszku
- 1 łyżka octu
- Sól dla smaku
- 2 łyżki oleju

INSTRUKCJE:

a) Podgrzej olej na patelni. Dodaj nasiona gorczycy i kminek. Niech gadają.
b) Dodaj posiekaną cebulę i zielone chilli. Smażyć, aż cebula nabierze złocistego koloru.
c) Dodać pastę imbirowo-czosnkową i smażyć przez minutę.
d) Dodać pokrojone w kostkę pomidory i paprykę. Gotuj, aż zmiękną.
e) Wymieszaj kurkumę w proszku, czerwone chili w proszku, ocet i sól. Gotuj jeszcze kilka minut, aż chutney zgęstnieje.
f) Przed umieszczeniem chutney w sterylizowanych słoikach poczekaj, aż chutney całkowicie ostygnie. Przechowywać w lodówce i zużyć w ciągu kilku tygodni.

57.Pikantny Chutney Brinjal (Bakłażanowy).

SKŁADNIKI:

- 2 średniej wielkości brinjals (bakłażany), pokrojone w kostkę
- 1 cebula, posiekana
- 2 pomidory, posiekane
- 2 zielone chilli, posiekane
- 2 ząbki czosnku, posiekane
- 1 łyżka pasty z tamaryndowca
- 1 łyżeczka nasion gorczycy
- 1 łyżeczka nasion kminku
- 1/2 łyżeczki kurkumy w proszku
- 1 łyżeczka czerwonego chili w proszku
- Sól dla smaku
- 2 łyżki oleju

INSTRUKCJE:

a) Podgrzej olej na patelni. Dodaj nasiona gorczycy i kminek. Niech gadają.
b) Dodaj posiekaną cebulę i zielone chilli. Smażyć, aż cebula stanie się przezroczysta.
c) Dodaj posiekany czosnek i smaż przez minutę.
d) Dodaj pokrojone w kostkę brinjals i pomidory. Gotuj, aż staną się papkowate.
e) Wymieszaj pastę z tamaryndowca, kurkumę w proszku, czerwone chili w proszku i sól. Gotuj jeszcze kilka minut, aż chutney zgęstnieje.
f) Przed umieszczeniem chutney w sterylizowanych słoikach poczekaj, aż chutney całkowicie ostygnie. Przechowywać w lodówce i zużyć w ciągu kilku tygodni.

58. Pikantny chutney marchewkowy

SKŁADNIKI:
- 2 szklanki startej marchewki
- 1 cebula, posiekana
- 2 zielone chilli, posiekane
- 2 łyżki wiórków kokosowych
- 1 łyżeczka nasion gorczycy
- 1 łyżeczka urad dal (podzielony czarny gram)
- 1/2 łyżeczki nasion kminku
- 1/4 łyżeczki asafetydy (hing)
- 1 łyżka pasty z tamaryndowca
- Sól dla smaku
- 2 łyżki oleju

INSTRUKCJE:
a) Podgrzej olej na patelni. Dodaj nasiona gorczycy, urad dal i nasiona kminku. Niech gadają.
b) Dodaj posiekaną cebulę i zielone chilli. Smażyć, aż cebula stanie się przezroczysta.
c) Dodać startą marchewkę i wiórki kokosowe. Gotuj, aż marchewka zmięknie.
d) Wymieszaj pastę z tamaryndowca, asafetydę i sól. Gotuj jeszcze kilka minut, aż chutney zgęstnieje.
e) Przed umieszczeniem chutney w sterylizowanych słoikach poczekaj, aż chutney całkowicie ostygnie. Przechowywać w lodówce i zużyć w ciągu kilku tygodni.

59. Tangy Ridge Tykwa (Luffa) Chutney

SKŁADNIKI:
- 2 szklanki startej tykwy kalenicowej (luffa)
- 1 cebula, posiekana
- 2 zielone chilli, posiekane
- 1 łyżka startego imbiru
- 1 łyżka wiórków kokosowych
- 1 łyżeczka nasion gorczycy
- 1 łyżeczka urad dal (podzielony czarny gram)
- 1/2 łyżeczki nasion kozieradki
- 1/4 łyżeczki asafetydy (hing)
- 1 łyżka pasty z tamaryndowca
- Sól dla smaku
- 2 łyżki oleju

INSTRUKCJE:
a) Podgrzej olej na patelni. Dodaj nasiona gorczycy, urad dal, nasiona kozieradki i asafetydę. Niech gadają.
b) Dodaj posiekaną cebulę, zielone chilli i starty imbir. Smażyć, aż cebula stanie się przezroczysta.
c) Dodaj startą tykwę kalenicową i wiórki kokosowe. Gotuj, aż dynia zmięknie.
d) Wymieszaj pastę z tamaryndowca i sól. Gotuj jeszcze kilka minut, aż chutney zgęstnieje.
e) Przed umieszczeniem chutney w sterylizowanych słolkach poczekaj, aż chutney całkowicie ostygnie. Przechowywać w lodówce i zużyć w ciągu kilku tygodni.

ZIOŁOWY CHUTNEY

60. Fidżijski chutney z kolendrą i limonką

SKŁADNIKI:
- 1 szklanka świeżych liści kolendry, usunąć łodygi
- Sok z 2 limonek
- 2 ząbki czosnku, posiekane
- 1-2 zielone papryczki chili, drobno posiekane
- ½ łyżeczki kminku w proszku
- Sól dla smaku

INSTRUKCJE:
a) W robocie kuchennym wymieszaj kolendrę, sok z limonki, zmielony czosnek, posiekaną zieloną papryczkę chili, kminek w proszku i sól.
b) Mieszaj, aż uzyskasz gładki chutney o jasnym, pikantnym smaku.
c) Podawaj ten chutney z kolendry i limonki jako pikantną przyprawę do dań z grilla lub smażonych.

61.Chutney kolendrowo-miętowy

SKŁADNIKI:
- 2 szklanki świeżych liści kolendry
- 1 szklanka świeżych liści mięty
- ⅓ szklanki jogurtu naturalnego
- ¼ szklanki drobno posiekanej cebuli
- 1 łyżka soku z limonki
- 1 ½ łyżeczki cukru
- ½ łyżeczki mielonego kminku
- ¼ łyżeczki soli kuchennej

INSTRUKCJE:
a) Przetwarzaj wszystkie składniki w robocie kuchennym, aż będą gładkie, około 20 sekund, w razie potrzeby zeskrobując boki miski.

62. Kokosowy chutney z kolendry

SKŁADNIKI:
- 1 szklanka świeżych liści kolendry
- ½ szklanki wiórków kokosowych
- 1 zielone chili, pozbawione nasion i posiekane
- 2 łyżki soku z cytryny
- 1 łyżka pieczonej chana dal (ciecierzycy)
- 1 łyżka wiórków kokosowych (opcjonalnie)
- Sól dla smaku

INSTRUKCJE:
a) W blenderze lub robocie kuchennym połącz liście kolendry, wiórki kokosowe, zielone chili, sok z cytryny, prażony chana dal, wiórki kokosowe (jeśli używasz) i sól.
b) Mieszaj, aż uzyskasz gładką i kremową konsystencję.
c) Dostosuj sól i sok z cytryny według własnego gustu.
d) Przełożyć do miski i przechowywać w lodówce do momentu użycia.
e) Podawać jako dip do samos, dos lub jako pasta do kanapek.

63. Chutney ananasowo-miętowy

SKŁADNIKI:

- 2 szklanki świeżego ananasa, pokrojonego w kostkę
- 1/2 szklanki czerwonej cebuli, drobno posiekanej
- 1/4 szklanki posiekanych świeżych liści mięty
- 1 papryczka jalapeño, drobno posiekana
- 2 łyżki soku z limonki
- 2 łyżki miodu
- Szczypta soli

INSTRUKCJE:

a) W misce wymieszaj pokrojony w kostkę świeży ananas, drobno posiekaną czerwoną cebulę, posiekane świeże liście mięty, drobno posiekaną papryczkę jalapeño, sok z limonki, miód i szczyptę soli.
b) Dobrze wymieszaj składniki, aby zapewnić równomierne rozłożenie smaków.
c) Przed podaniem chutney należy schłodzić w lodówce przez co najmniej 1 godzinę.
d) Podawaj ten ananasowo-miętowy chutney jako orzeźwiający dodatek do grillowanego kurczaka, ryby lub jako dodatek do tacos.

64. Kiełki Kozieradki I Chutney Pomidorowy

SKŁADNIKI:

- 2 szklanki kiełków kozieradki
- 4 pomidory, posiekane
- 1 cebula, posiekana
- 2 zielone chilli, posiekane
- Ząbki czosnku, posiekane
- Nasiona gorczycy
- Nasiona kminku
- Liście curry
- Sól dla smaku
- Olej do gotowania

INSTRUKCJE:

a) Na patelni rozgrzej olej, dodaj nasiona gorczycy, kminek i liście curry. Pozwól im bełkotać.
b) Dodaj posiekaną cebulę, zielone chilli i posiekany czosnek. Smażyć, aż cebula będzie przezroczysta.
c) Dodaj pokrojone pomidory i gotuj, aż staną się miękkie.
d) Wmieszać kiełki kozieradki i gotować kilka minut.
e) Dopraw solą i kontynuuj gotowanie, aż mieszanina zgęstnieje.
f) Podawać kiełki kozieradki i chutney pomidorowy z ryżem lub jako dodatek.

65. Chutney z kolendry

SKŁADNIKI:

- ½ łyżeczki nasion kminku, uprażonych i zmielonych
- ½ łyżeczki żółtej gorczycy, prażonej i mielonej
- 1 duży pęczek kolendry
- 1 mała żółta cebula, obrana i posiekana (około ½ szklanki)
- ¼ szklanki niesłodzonego kokosa
- 3 łyżki startego imbiru
- 2 chili serrano, z łodygami (aby zmniejszyć ogień, usuń nasiona)
- Skórka i sok z 2 cytryn
- Sól dla smaku

INSTRUKCJE:

a) Połącz wszystkie składniki w blenderze i miksuj na najwyższych obrotach, aż masa będzie gładka.
b) W razie potrzeby dodać wodę, aby uzyskać gęstą pastę.

66. Chutney z pesto bazyliowym

SKŁADNIKI:
- 2 szklanki świeżych liści bazylii
- 1/4 szklanki orzeszków piniowych lub orzechów włoskich
- 2 ząbki czosnku
- 1/4 szklanki startego parmezanu
- 1/2 szklanki oliwy z oliwek
- Sól i pieprz do smaku

INSTRUKCJE:
a) W robocie kuchennym wymieszaj liście bazylii, orzeszki piniowe lub orzechy włoskie, czosnek i parmezan.
b) Pulsuj, aż będzie grubo posiekany.
c) Gdy robot kuchenny pracuje, powoli dodawaj oliwę z oliwek, aż mieszanina utworzy gładką pastę.
d) Dopraw solą i pieprzem do smaku.
e) Chutney z pesto przełożyć do słoiczka i przechowywać w lodówce. Można go stosować jako smarowidło, dip lub sos do makaronu.

67. Chutney Koperkowy I Jogurtowy

SKŁADNIKI:
- 1 szklanka świeżego koperku, posiekanego
- 1 szklanka jogurtu naturalnego
- 1 ząbek czosnku, posiekany
- 1 łyżka soku z cytryny
- Sól dla smaku

INSTRUKCJE:
a) W misce wymieszaj posiekany koperek, jogurt naturalny, przeciśnięty przez praskę czosnek, sok z cytryny i sól.
b) Mieszaj, aż dobrze się połączą.
c) Doprawić do smaku, w razie potrzeby dodać więcej soli lub soku z cytryny.
d) Podawaj schłodzony chutney koperkowo-jogurtowy jako orzeźwiający dodatek do grillowanych mięs, pieczonych warzyw lub jako dip do chipsów lub krakersów.

68.Chutney z Pietruszki I Orzecha Włoskiego

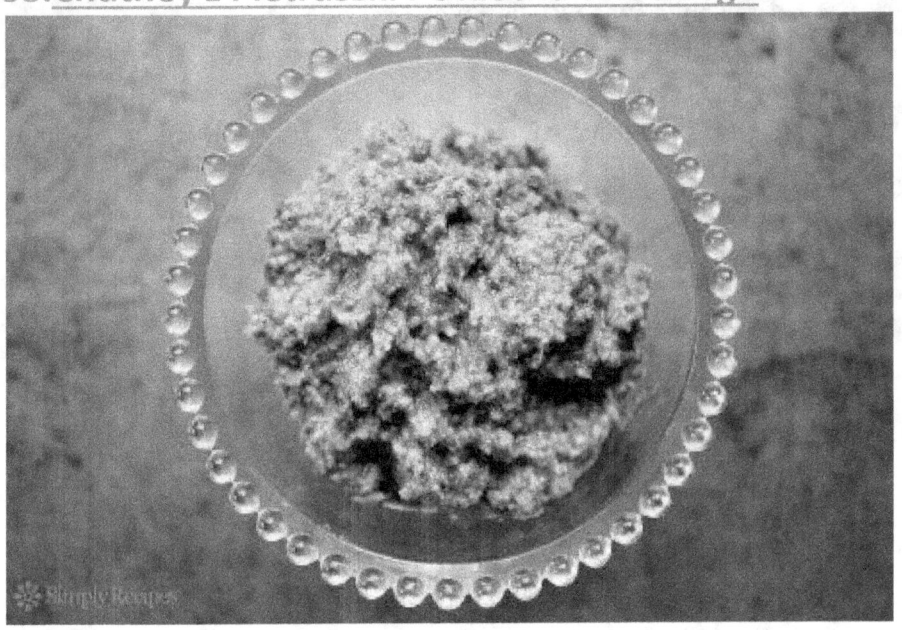

SKŁADNIKI:
- 1 szklanka świeżych liści pietruszki
- 1/2 szklanki orzechów włoskich
- 1 ząbek czosnku
- 2 łyżki soku z cytryny
- 1/4 szklanki oliwy z oliwek
- Sól i pieprz do smaku

INSTRUKCJE:
a) W robocie kuchennym wymieszaj świeże liście pietruszki, orzechy włoskie, czosnek i sok z cytryny.
b) Pulsuj, aż zostaną drobno posiekane.
c) Gdy robot kuchenny pracuje, powoli wlewaj oliwę z oliwek, aż mieszanina utworzy gładką pastę.
d) Dopraw solą i pieprzem do smaku.
e) Przełóż chutney z pietruszki i orzechów włoskich do słoika i przechowuj w lodówce do momentu użycia. Świetnie komponuje się z grillowanymi mięsami, rybami lub jako pasta do kanapek.

69. Chutney Z Rozmarynu I Migdałów

SKŁADNIKI:
- 1/2 szklanki świeżych liści rozmarynu
- 1/4 szklanki migdałów
- 1 ząbek czosnku
- 1 łyżka soku z cytryny
- 1/4 szklanki oliwy z oliwek
- Sól dla smaku

INSTRUKCJE:
a) W robocie kuchennym połącz świeże liście rozmarynu, migdały, czosnek i sok z cytryny.
b) Pulsuj, aż będzie grubo posiekany.
c) Gdy robot kuchenny pracuje, stopniowo dodawaj oliwę z oliwek, aż mieszanina osiągnie pożądaną konsystencję.
d) Dopraw solą do smaku.
e) Przełóż chutney z rozmarynu i migdałów do słoika i przechowuj w lodówce do momentu użycia. Dodaje aromatycznego ponczu pieczonym warzywom, grillowanym mięsom lub jako dodatek do crostini.

70. Chutney Miętowy I Orzechów Nerkowca

SKŁADNIKI:

- 1 szklanka świeżych liści mięty
- 1/2 szklanki prażonych orzechów nerkowca
- 2 zielone chilli, posiekane
- 1 łyżka wiórków kokosowych (opcjonalnie)
- 1 łyżka soku z cytryny
- Sól dla smaku
- Woda, według potrzeby

INSTRUKCJE:

a) W blenderze lub robocie kuchennym połącz świeże liście mięty, prażone orzechy nerkowca, posiekane zielone chilli, wiórki kokosowe (jeśli używasz), sok z cytryny i szczyptę soli.

b) Mieszaj na gładką masę, dodając wodę w razie potrzeby, aby uzyskać pożądaną konsystencję.

c) Posmakuj i w razie potrzeby dopraw do smaku.

d) Chutney z mięty i nerkowców przełóż do słoika i przechowuj w lodówce. Podawać jako dip lub smarowidło do przekąsek lub posiłków.

71. Chutney z kolendry i orzechów ziemnych

SKŁADNIKI:
- 1 szklanka świeżych liści kolendry
- 1/2 szklanki prażonych orzeszków ziemnych
- 2 zielone chilli, posiekane
- 1 łyżka startego imbiru
- 1 łyżka pasty z tamaryndowca
- Sól dla smaku
- Woda, według potrzeby

INSTRUKCJE:
a) W blenderze lub robocie kuchennym połącz świeże liście kolendry, prażone orzeszki ziemne, posiekane zielone chilli, starty imbir, pastę z tamaryndowca i sól.
b) Miksuj na gładką masę, stopniowo dodając wodę, aż do uzyskania pożądanej konsystencji.
c) Doprawić według smaku.
d) Przenieś chutney z kolendry i orzeszków ziemnych do słoika i przechowuj w lodówce do momentu użycia. Podawać jako przyprawa lub sos do maczania przekąsek lub dań indyjskich.

72. Chutney ze szczypiorku i orzechów włoskich

SKŁADNIKI:
- 1 szklanka świeżego szczypiorku, posiekanego
- 1/2 szklanki orzechów włoskich
- 1 ząbek czosnku
- 1 łyżka soku z cytryny
- 1/4 szklanki oliwy z oliwek
- Sól i pieprz do smaku

INSTRUKCJE:
a) W robocie kuchennym wymieszaj świeży szczypiorek, orzechy włoskie, czosnek, sok z cytryny i oliwę z oliwek.
b) Pulsuj, aż mieszanina utworzy grubą pastę.
c) Dopraw solą i pieprzem do smaku.
d) Przełóż chutney ze szczypiorkiem i orzechami włoskimi do słoika i przechowuj w lodówce do momentu użycia. Można go spożywać jako dodatek do kanapek, dodatek do grillowanych warzyw lub dip do krakersów.

73. Chutney z szałwii i orzechów laskowych

SKŁADNIKI:
- 1 szklanka świeżych liści szałwii
- 1/2 szklanki prażonych orzechów laskowych
- 1 ząbek czosnku
- Skórka z 1 cytryny
- 2 łyżki soku z cytryny
- 1/4 szklanki oliwy z oliwek
- Sól i pieprz do smaku

INSTRUKCJE:
a) W robocie kuchennym wymieszaj świeże liście szałwii, prażone orzechy laskowe, czosnek, skórkę z cytryny, sok z cytryny i oliwę z oliwek.
b) Pulsuj, aż mieszanina utworzy gęstą pastę.
c) Dopraw solą i pieprzem do smaku.
d) Przełóż chutney z szałwii i orzechów laskowych do słoika i przechowuj w lodówce do momentu użycia. Podawać jako przyprawa do pieczonych mięs, ryb z grilla lub jako wzmacniacz smaku zup i gulaszy.

74. Chutney cytrynowo-tymiankowy

SKŁADNIKI:
- 1 szklanka świeżych liści tymianku
- 1/2 szklanki migdałów, prażonych
- 1 ząbek czosnku
- Skórka i sok z 1 cytryny
- 1/4 szklanki oliwy z oliwek
- Sól dla smaku

INSTRUKCJE:

a) W robocie kuchennym połącz świeże liście tymianku, prażone migdały, czosnek, skórkę cytrynową i sok z cytryny.
b) Pulsuj, aż mieszanina utworzy grubą pastę.
c) Przy włączonym robocie kuchennym powoli wlewaj oliwę z oliwek, aż składniki dobrze się połączą.
d) Dopraw solą do smaku.
e) Przełóż chutney tymiankowo-cytrynowy do słoika i przechowuj w lodówce do momentu użycia. Świetnie komponuje się z grillowanymi mięsami, pieczonymi warzywami lub jako pasta do kanapek.

75. Chutney Estragonowy I Pistacjowy

SKŁADNIKI:
- 1 szklanka świeżych liści estragonu
- 1/2 szklanki pistacji, łuskanych i uprażonych
- 1 szalotka, posiekana
- 1 łyżka białego octu winnego
- 1/4 szklanki oliwy z oliwek
- Sól i pieprz do smaku

INSTRUKCJE:
a) W robocie kuchennym wymieszaj świeże liście estragonu, prażone pistacje, posiekaną szalotkę i biały ocet winny.
b) Pulsuj, aż mieszanina utworzy grubą pastę.
c) Przy włączonym robocie kuchennym powoli wlewaj oliwę z oliwek, aż składniki dobrze się połączą.
d) Dopraw solą i pieprzem do smaku.
e) Przełóż estragon i chutney pistacjowy do słoika i przechowuj w lodówce do momentu użycia. Świetnie smakuje podawane z grillowaną rybą, kurczakiem lub jako dip do surowych dań.

76. Chutney z Oregano I Orzechów Włoskich

SKŁADNIKI:

- 1 szklanka świeżych liści oregano
- 1/2 szklanki orzechów włoskich, prażonych
- 2 ząbki czosnku
- Skórka i sok z 1 cytryny
- 1/4 szklanki oliwy z oliwek
- Sól dla smaku

INSTRUKCJE:

a) W robocie kuchennym połącz świeże liście oregano, prażone orzechy włoskie, czosnek, skórkę cytrynową i sok z cytryny.
b) Pulsuj, aż mieszanina utworzy grubą pastę.
c) Przy włączonym robocie kuchennym powoli wlewaj oliwę z oliwek, aż składniki dobrze się połączą.
d) Dopraw solą do smaku.
e) Przenieś chutney z oregano i orzechów włoskich do słoika i przechowuj w lodówce do momentu użycia. Fantastycznie sprawdza się jako dodatek do grillowanych warzyw, makaronów czy pasta do smarowania bruschetty.

77. Chutney z szałwii i orzeszków piniowych

SKŁADNIKI:
- 1 szklanka świeżych liści szałwii
- 1/2 szklanki orzeszków piniowych, prażonych
- 1 szalotka, posiekana
- 1 łyżka octu balsamicznego
- 1/4 szklanki oliwy z oliwek
- Sól i pieprz do smaku

INSTRUKCJE:
a) W robocie kuchennym połącz świeże liście szałwii, prażone orzeszki piniowe, posiekaną szalotkę i ocet balsamiczny.
b) Pulsuj, aż mieszanina utworzy grubą pastę.
c) Przy włączonym robocie kuchennym powoli wlewaj oliwę z oliwek, aż składniki dobrze się połączą.
d) Dopraw solą i pieprzem do smaku.
e) Przełóż chutney z szałwii i orzeszków piniowych do słoika i przechowuj w lodówce do momentu użycia. To wspaniały dodatek do pieczonych mięs, grillowanych warzyw lub jako pasta do crostini.

78. Chutney Z Rozmarynu I Czosnku

SKŁADNIKI:
- 1 szklanka świeżych liści rozmarynu
- 4 ząbki czosnku
- 1/4 szklanki orzeszków piniowych, prażonych
- 1/4 szklanki startego parmezanu
- 1/4 szklanki oliwy z oliwek
- Sól i pieprz do smaku

INSTRUKCJE:
a) W robocie kuchennym wymieszaj świeże liście rozmarynu, ząbki czosnku, prażone orzeszki piniowe i starty parmezan.
b) Pulsuj, aż mieszanina zostanie drobno posiekana.
c) Przy włączonym robocie kuchennym powoli wlewaj oliwę z oliwek, aż mieszanina utworzy pastę.
d) Dopraw solą i pieprzem do smaku.
e) Przełóż chutney z rozmarynem i czosnkiem do słoika i przechowuj w lodówce do momentu użycia. Idealnie nadaje się do smarowania pieczywa, kanapek lub jako dip do krakersów.

79. Chutney ze szczypiorkiem i skórką cytrynową

SKŁADNIKI:

- 1 szklanka świeżego szczypiorku, posiekanego
- Skórka z 2 cytryn
- 1/4 szklanki prażonych migdałów
- 2 łyżki soku z cytryny
- 1/4 szklanki oliwy z oliwek z pierwszego tłoczenia
- Sól i pieprz do smaku

INSTRUKCJE:

a) W robocie kuchennym wymieszaj świeży szczypiorek, skórkę z cytryny, prażone migdały i sok z cytryny.
b) Pulsuj, aż mieszanina zostanie drobno posiekana.
c) Przy włączonym robocie kuchennym powoli wlewaj oliwę z oliwek, aż mieszanina utworzy gładką pastę.
d) Dopraw solą i pieprzem do smaku.
e) Przełóż chutney ze szczypiorkiem i skórką cytrynową do słoika i przechowuj w lodówce do momentu użycia. Wyśmienicie smakuje podawane z grillowaną rybą, pieczonymi warzywami lub jako dodatek do sałatek.

80. Chutney z szałwią i tymiankiem cytrynowym

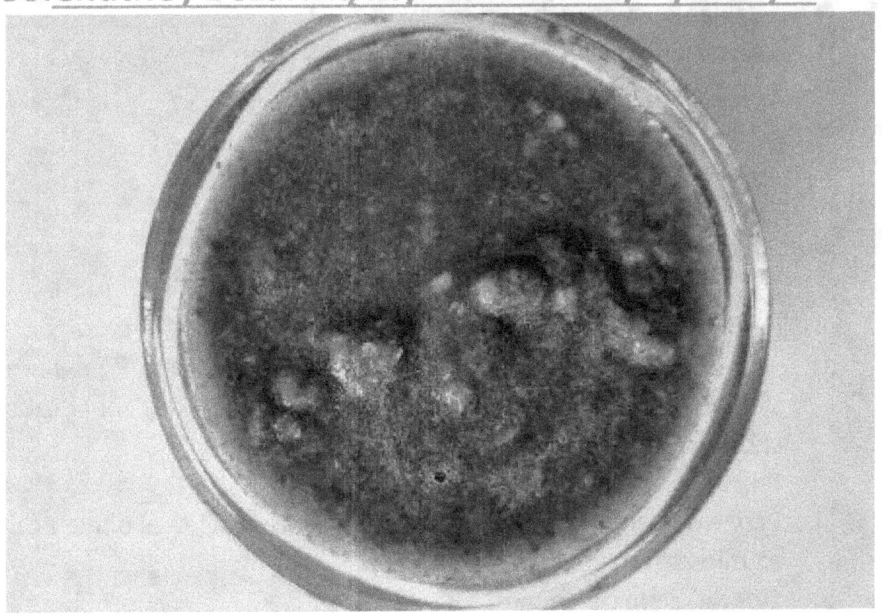

SKŁADNIKI:

- 1 szklanka świeżych liści szałwii
- 1/2 szklanki świeżych liści tymianku cytrynowego
- 1/4 szklanki orzechów włoskich, prażonych
- 2 ząbki czosnku
- Skórka i sok z 1 cytryny
- 1/4 szklanki oliwy z oliwek z pierwszego tłoczenia
- Sól dla smaku

INSTRUKCJE:

a) W robocie kuchennym wymieszaj świeże liście szałwii, liście tymianku cytrynowego, prażone orzechy włoskie, ząbki czosnku, skórkę cytryny i sok z cytryny.
b) Pulsuj, aż mieszanina utworzy grubą pastę.
c) Przy włączonym robocie kuchennym powoli wlewaj oliwę z oliwek, aż mieszanina dobrze się połączy.
d) Dopraw solą do smaku.
e) Przełóż chutney z szałwii i tymianku cytrynowego do słoika i przechowuj w lodówce do momentu użycia. Jest wspaniałym dodatkiem do pieczonych mięs, grillowanych warzyw, a także jako pasta do kanapek.

81. Chutney z bazylii i suszonych pomidorów

SKŁADNIKI:
- 2 szklanki świeżych liści bazylii
- 1/2 szklanki suszonych pomidorów (w oleju), odsączonych
- 1/4 szklanki orzeszków piniowych, prażonych
- 2 ząbki czosnku
- 1/4 szklanki startego parmezanu
- 1/4 szklanki oliwy z oliwek z pierwszego tłoczenia
- Sól i pieprz do smaku

INSTRUKCJE:
a) W robocie kuchennym wymieszaj świeże liście bazylii, suszone pomidory, prażone orzeszki piniowe, ząbki czosnku i starty parmezan.
b) Pulsuj, aż mieszanina utworzy gęstą pastę.
c) Przy włączonym robocie kuchennym powoli wlewaj oliwę z oliwek, aż mieszanina dobrze się połączy.
d) Dopraw solą i pieprzem do smaku.
e) Przełóż bazylię i chutney z suszonych pomidorów do słoika i przechowuj w lodówce do momentu użycia. Fantastycznie smakuje z makaronem, posmarowany bruschettą lub podawany z grillowanym kurczakiem lub rybą.

82.Estragon I Szalotka Chutney

SKŁADNIKI:
- 1 szklanka świeżych liści estragonu
- 2 szalotki, posiekane
- 1/4 szklanki białego octu winnego
- 1/4 szklanki oliwy z oliwek
- 2 łyżki miodu
- Sól i pieprz do smaku

INSTRUKCJE:
a) W robocie kuchennym wymieszaj świeże liście estragonu, posiekaną szalotkę, biały ocet winny, oliwę z oliwek i miód.
b) Pulsuj, aż mieszanina utworzy gładką pastę.
c) Dopraw solą i pieprzem do smaku.
d) Przenieś chutney z estragonem i szalotką do słoika i przechowuj w lodówce do momentu użycia. Świetnie komponuje się z grillowanymi mięsami, rybami lub jako pasta do kanapek.

83. Werbena cytrynowa i chutney migdałowy

SKŁADNIKI:

- 1 szklanka świeżych liści werbeny cytrynowej
- 1/2 szklanki migdałów, prażonych
- 1 ząbek czosnku
- Skórka i sok z 1 cytryny
- 1/4 szklanki oliwy z oliwek z pierwszego tłoczenia
- Sól dla smaku

INSTRUKCJE:

a) W robocie kuchennym wymieszaj świeże liście werbeny cytrynowej, prażone migdały, czosnek, skórkę cytrynową i sok z cytryny.
b) Pulsuj, aż mieszanina utworzy grubą pastę.
c) Przy włączonym robocie kuchennym powoli wlewaj oliwę z oliwek, aż składniki dobrze się połączą.
d) Dopraw solą do smaku.
e) Przenieś werbenę cytrynową i chutney migdałowy do słoika i przechowuj w lodówce do momentu użycia. Świetnie smakuje jako pasta do crostini, połączona z makaronem lub podawana z grillowanymi warzywami.

84. Chutney z majeranku i orzechów laskowych

SKŁADNIKI:
- 1 szklanka świeżych liści majeranku
- 1/2 szklanki orzechów laskowych, prażonych
- 1 szalotka, posiekana
- 1 łyżka octu z czerwonego wina
- 1/4 szklanki oliwy z oliwek
- Sól i pieprz do smaku

INSTRUKCJE:
a) W robocie kuchennym wymieszaj świeże liście majeranku, prażone orzechy laskowe, posiekaną szalotkę i ocet winny.
b) Pulsuj, aż mieszanina utworzy grubą pastę.
c) Przy włączonym robocie kuchennym powoli wlewaj oliwę z oliwek, aż składniki dobrze się połączą.
d) Dopraw solą i pieprzem do smaku.
e) Przełóż chutney z majeranku i orzechów laskowych do słoika i przechowuj w lodówce do momentu użycia. Wyśmienicie smakuje podawane z pieczonymi mięsami, grillowanymi owocami morza lub jako dip do chrupiącego chleba.

85. Chutney z oregano i orzechami pekan

SKŁADNIKI:

- 1 szklanka świeżych liści oregano
- 1/2 szklanki orzechów pekan, opiekanych
- 2 ząbki czosnku
- Skórka i sok z 1 cytryny
- 1/4 szklanki oliwy z oliwek z pierwszego tłoczenia
- Sól i pieprz do smaku

INSTRUKCJE:

a) W robocie kuchennym połącz świeże liście oregano, prażone orzechy pekan, ząbki czosnku, skórkę z cytryny i sok z cytryny.
b) Pulsuj, aż mieszanina utworzy grubą pastę.
c) Przy włączonym robocie kuchennym powoli wlewaj oliwę z oliwek, aż składniki dobrze się połączą.
d) Dopraw solą i pieprzem do smaku.
e) Przenieś chutney z oregano i pekan do słoika i przechowuj w lodówce do momentu użycia. Znakomicie sprawdza się jako marynata do grillowanych mięs, dodatek do zup czy posypka do pieczonych warzyw.

KWIATOWY CHUTNEJ

86. Chutney z dzikiej róży i sułtanki

SKŁADNIKI:
- 1 funt dzikiej róży z wierzchołkiem, ogonem i usuniętymi nasionami
- 1 litr octu jabłkowego
- ½ funta sułtanek
- 1 funt gotowanych jabłek, obranych, wypestkowanych i posiekanych
- 2 łyżeczki startego świeżego imbiru
- Nasiona z 3 lub 4 strąków kardamonu, rozgniecione
- Shake sosu chili
- 1 duży ząbek czosnku, drobno posiekany
- ½ funta miękkiego brązowego cukru
- Sok z cytryny i otarta skórka z połowy cytryny

INSTRUKCJE:
a) W dużym rondlu wymieszaj owoce róży, ocet jabłkowy, rodzynki, posiekane jabłka do gotowania, starty imbir, zmiażdżone nasiona kardamonu, sos chili i drobno posiekany czosnek.
b) Doprowadź mieszaninę do delikatnego wrzenia, następnie zmniejsz ogień i gotuj na wolnym ogniu przez około 20-30 minut lub do momentu, aż owoce róży i jabłka będą miękkie.
c) Na patelnię dodaj miękki brązowy cukier, sok z cytryny i startą skórkę z cytryny. Dobrze wymieszaj, aby rozpuścić cukier.
d) Kontynuuj gotowanie mieszaniny na wolnym ogniu przez dodatkowe 30-40 minut, mieszając od czasu do czasu, aż chutney zgęstnieje do pożądanej konsystencji.
e) Doprawić do smaku. Jeśli wolisz ostrzejszy chutney, możesz dodać więcej sosu chili.
f) Gdy chutney zgęstnieje i smaki się połączą, zdejmij go z ognia.
g) Poczekaj, aż chutney z dzikiej róży nieco ostygnie, a następnie przenieś go do wysterylizowanych słoików.
h) Zakręć słoiki i przechowuj je w chłodnym, ciemnym miejscu. Z czasem chutney będzie dojrzewał i nabierał nowego smaku.

87.Chutney z lawendy i miodu

SKŁADNIKI:
- 1/4 szklanki suszonych kwiatów lawendy
- 1/2 szklanki miodu
- 2 łyżki soku z cytryny
- 1/4 szklanki wody

INSTRUKCJE:
a) W małym rondlu połącz suszone kwiaty lawendy, miód, sok z cytryny i wodę.
b) Doprowadzić mieszaninę do delikatnego wrzenia na małym ogniu.
c) Gotuj na wolnym ogniu przez 5-10 minut, od czasu do czasu mieszając, aż mieszanina lekko zgęstnieje.
d) Zdejmij z ognia i poczekaj, aż chutney całkowicie ostygnie.
e) Chutney z lawendy i miodu przełóż do słoika i przechowuj w lodówce. Podawać jako smarowidło do tostów, bułeczek lub jako dodatek do jogurtu lub lodów.

88. Chutney z płatków róży i kardamonu

SKŁADNIKI:

- 1 szklanka świeżych płatków róż (upewnij się, że nie są spryskane)
- 1/2 szklanki cukru
- 1/4 szklanki wody
- 3-4 strąki kardamonu, zmiażdżone

INSTRUKCJE:

a) W rondlu wymieszaj świeże płatki róż, cukier, wodę i pokruszone strąki kardamonu.
b) Gotuj na małym ogniu, od czasu do czasu mieszając, aż cukier się rozpuści.
c) Zwiększ ogień do średniego i gotuj na wolnym ogniu przez około 15-20 minut lub do momentu, aż mieszanina zgęstnieje do konsystencji syropu.
d) Zdejmij z ognia i poczekaj, aż chutney całkowicie ostygnie.
e) Przenieś chutney z płatków róży i kardamonu do słoika i przechowuj w lodówce do momentu użycia. Idealnie nadaje się do polewania deserów, mieszania z koktajlami lub podawania z serem.

89. Chutney z kwiatów czarnego bzu i cytryny

SKŁADNIKI:

- 1 szklanka kwiatów czarnego bzu (usuń zielone części)
- Skórka i sok z 1 cytryny
- 1/2 szklanki cukru
- 1/4 szklanki wody

INSTRUKCJE:

a) W rondlu wymieszaj kwiaty czarnego bzu, skórkę z cytryny, sok z cytryny, cukier i wodę.
b) Doprowadzić mieszaninę do delikatnego wrzenia na małym ogniu, mieszając od czasu do czasu, aż cukier się rozpuści.
c) Gotuj na wolnym ogniu przez około 10-15 minut lub do momentu, aż mieszanina lekko zgęstnieje.
d) Zdejmij z ognia i poczekaj, aż chutney całkowicie ostygnie.
e) Przenieś chutney z kwiatów czarnego bzu i cytryny do słoika i przechowuj w lodówce do momentu użycia. Świetnie smakuje polany naleśnikami, zmieszany z jogurtem lub podawany z grillowaną rybą lub kurczakiem.

90. Chutney z kwiatów dyni

SKŁADNIKI:
- 3 łyżki orzeszków piniowych
- 2 łyżki bardzo gorącej wody
- Szczypta nitek szafranu
- 2 szklanki luźno upakowanych kwiatów dyni, około 12 kwiatów
- 1/3 szklanki grubo startego sera Parmigiano
- ½ szklanki lekko aromatyzowanej oliwy z oliwek
- Szczypta soli

INSTRUKCJE:

a) Na suchej patelni na średnim ogniu lekko praż orzeszki piniowe, aż zaczną pachnieć orzechowo i będą lekko złociste. Obserwuj je uważnie, aby nie zrobiły się ciemnobrązowe ani nie spaliły. Przełożyć na ręcznik kuchenny i odstawić do ostygnięcia.

b) Szafran w małej misce zalej 2 łyżkami gorącej wody i pozostaw do zaparzenia.

c) Wyciągnij pręciki ze środka kwiatów dyni i odetnij twarde łodygi lub zielone liście u podstawy. Lekko rozsuń kwiaty i zmierz 2 luźno zapakowane filiżanki. Wrzuć kwiaty do robota kuchennego i wykonaj pulsację 2–3 razy, aby je rozbić.

d) Dodać orzechy, ser i szafran z wodą i pulsować, aż wszystko zostanie grubo posiekane. Włącz urządzenie i powoli wlewaj oliwę z oliwek.

e) Zatrzymaj się i w razie potrzeby zeskrob ze ścianek miski. Kiedy cały olej zostanie wchłonięty, dodać szczyptę soli do smaku. Jeśli twój ser jest słony, oszczędzaj, dodając dodatkową sól.

f) Przełożyć do szczelnego pojemnika i skropić powierzchnię bardzo cienką warstwą oliwy z oliwek.

CHILI CHUTNEY

91. Gorący Chilli C. hutney

SKŁADNIKI:
- 1 duża cebula
- 2 ząbki czosnku
- 1 3-4-calowy kawałek imbiru
- 1 Cytryna
- Niektóre maleńkie, bardzo ostre papryczki chili
- 1 łyżeczka soli
- 2 łyżeczki mniej lub bardziej Cayenne, do smaku
- ½ do 1 łyżeczki czarnego pieprzu

INSTRUKCJE:
Cebulę pokroić w zapałki. Czosnek posiekać lub również pokroić w drobną zapałkę.
Imbir obierz i pokrój w cienkie zapałki
Dodać sok z cytryny, sól i pieprz.
Teraz dodaj ciepło: cayenne w proszku do smaku i drobno pokrojone ostre chilli. Dobrze wymieszaj i wstaw do lodówki.

92. Habanero Jabłkowy Chutney

SKŁADNIKI:

- 2 funty Jabłka do gotowania; obrane i pokrojone w małą kostkę
- ¼ pinty oleju roślinnego (nie oliwy z oliwek)
- 2 łyżki drobno pokrojonego świeżego imbiru
- 1 Cała główka czosnku, obrana i pokrojona w drobną kostkę
- 2 łyżki nasion gorczycy białej
- 1 łyżeczka nasion kozieradki namoczonych w gorącej wodzie i odsączonych
- ½ łyżeczki całych ziaren czarnego pieprzu
- 2 łyżeczki mielonego kminku
- 2 łyżeczki chilli w proszku
- 1 łyżeczka kurkumy
- 4 uncje cukru
- 8 uncji płynu Ocet jabłkowy
- 1 łyżka soli

INSTRUKCJE:

a) Rozgrzej oliwę na patelni i delikatnie podsmaż czosnek i imbir, aż zaczną nabierać koloru, następnie dodaj resztę przypraw i smaż przez kolejne trzy minuty. Dodaj ocet, jabłka, habs, cukier i sól i gotuj na wolnym ogniu przez przez ułamek godziny, aż uzyskasz gęstą, papkowatą mieszaninę. Chodzi o to, aby jabłka całkowicie się rozpadły.

b) Włóż do gorących, wysterylizowanych słoików, od razu zamknij pokrywkami odpornymi na ocet i spróbuj zapomnieć o tym na około 2 miesiące. A potem ciesz się! Dobrze przechowuje się bez lodówki.

93. Chutney z zielonego chili i kolendry

SKŁADNIKI:
- 10-12 zielonych chilli
- 1 szklanka świeżych liści kolendry (kolendra)
- 1 łyżka soku z cytryny
- 1 łyżeczka nasion kminku
- Sól dla smaku
- Woda, według potrzeby

INSTRUKCJE:
a) W blenderze wymieszaj zielone chilli, liście kolendry, sok z cytryny, nasiona kminku i sól.
b) Miksuj na gładką masę, dodając wodę w miarę potrzeby do uzyskania pożądanej konsystencji.
c) Doprawić według smaku.
d) Przełożyć do miski i podawać z przekąskami lub jako dip do samos, pakor lub innych przystawek.

94. Słodki Chutney Chili

SKŁADNIKI:
- 10-12 czerwonych chilli
- 1 szklanka cukru jaggery lub brązowego
- 1/2 szklanki miąższu tamaryndowca
- 1 łyżeczka nasion kminku
- 1 łyżeczka nasion kopru włoskiego
- Sól dla smaku
- Woda, według potrzeby

INSTRUKCJE:
a) W rondlu wymieszaj czerwone chilli, jaggery (lub brązowy cukier), miąższ tamaryndowca, nasiona kminku, nasiona kopru włoskiego, sól i tyle wody, aby przykryć składniki.
b) Gotuj na średnim ogniu, mieszając od czasu do czasu, aż mieszanina zgęstnieje, a chilli zmiękną.
c) Pozostawiamy do lekkiego ostygnięcia, a następnie przekładamy do blendera.
d) Mieszaj, aż będzie gładka.
e) Przełożyć do słoika i przechowywać w lodówce. Ten chutney świetnie nadaje się jako przyprawa do indyjskich przekąsek, takich jak pakoras, samosa, lub jako sos do maczania sajgonek.

95. Kokosowy chutney chili

SKŁADNIKI:
- 1 szklanka świeżo startego kokosa
- 6-8 zielonych chilli, posiekanych
- 1 łyżka pieczonej chana dal (ciecierzycy)
- 1 łyżka pasty z tamaryndowca
- Sól dla smaku
- Woda, według potrzeby

INSTRUKCJE:
a) W blenderze połącz wiórki kokosowe, posiekane zielone chilli, pieczony chana dal, pastę z tamaryndowca i sól.
b) Dodać odrobinę wody i zmiksować na gładką masę, w razie potrzeby dodając więcej wody do uzyskania pożądanej konsystencji.
c) Przełóż do miski i podawaj jako dip do dosas, idlis lub vadas.

96. Chutney z papryki chili

SKŁADNIKI:

- 2 czerwone papryki, posiekane
- 2 zielone chilli, posiekane
- 1 cebula, posiekana
- 2 ząbki czosnku, posiekane
- 1 łyżka imbiru, posiekanego
- 1/4 szklanki octu
- 2 łyżki miodu
- Sól dla smaku
- 1 łyżka oleju

INSTRUKCJE:

a) Rozgrzej oliwę na patelni i podsmaż posiekaną cebulę, czosnek i imbir, aż będą przezroczyste.
b) Dodaj posiekaną paprykę i zielone chilli i smaż, aż papryka będzie miękka.
c) Wymieszaj ocet, miód i sól. Gotuj jeszcze kilka minut.
d) Pozwól mieszaninie lekko ostygnąć, a następnie przenieś ją do blendera.
e) Mieszaj, aż będzie gładka.
f) Przełożyć do słoika i przechowywać w lodówce. Chutney doskonale nadaje się jako przyprawa do kanapek, wrapów czy mięs z grilla.

ORZECHOWY CHUTNEY

97. Chutney orzechowy

SKŁADNIKI:
- 1 szklanka prażonych orzeszków ziemnych
- 2-3 zielone chilli
- 2 ząbki czosnku
- 1-calowy kawałek imbiru
- 1 łyżka pasty z tamaryndowca
- Sól dla smaku
- Woda, według potrzeby
- Temperowanie: 1 łyżka oleju, 1 łyżeczka nasion gorczycy, 1 łyżeczka urad dal (łuskanego czarnego grama), szczypta asafetydy (hing), kilka liści curry

INSTRUKCJE:
a) W blenderze połącz prażone orzeszki ziemne, zielone chilli, czosnek, imbir, pastę z tamaryndowca i sól.
b) Zmiksuj na gęstą pastę, w razie potrzeby dodając wodę.
c) W celu temperowania rozgrzej olej na małej patelni. Dodaj nasiona gorczycy, urad dal, asafetydę i liście curry. Niech gadają.
d) Wlać temperówkę na chutney i dobrze wymieszać.
e) Podawać z dosą, idli lub ryżem.

98.Migdałowy Chutney

SKŁADNIKI:

- 1 szklanka migdałów, namoczonych i obranych
- 2-3 zielone chilli
- 1/2 szklanki wiórków kokosowych
- 1 łyżka pasty z tamaryndowca
- Sól dla smaku
- Woda, według potrzeby
- Temperowanie: 1 łyżka oleju, 1 łyżeczka nasion gorczycy, 1 łyżeczka urad dal (łuskanego czarnego grama), szczypta asafetydy (hing), kilka liści curry

INSTRUKCJE:

a) W blenderze połącz namoczone i obrane migdały, zielone chilli, wiórki kokosowe, pastę tamaryndowca i sól.
b) Zmiksuj na gładką masę, w razie potrzeby dodając wodę.
c) W celu temperowania rozgrzej olej na małej patelni. Dodaj nasiona gorczycy, urad dal, asafetydę i liście curry. Niech gadają.
d) Wlać temperówkę na chutney i dobrze wymieszać.
e) Podawać z dosą, idli lub ryżem.

99. Chutney z orzechów nerkowca

SKŁADNIKI:

- 1 szklanka namoczonych orzechów nerkowca
- 2-3 zielone chilli
- 1/2 szklanki wiórków kokosowych
- 1 łyżka pasty z tamaryndowca
- Sól dla smaku
- Woda, według potrzeby
- Temperowanie: 1 łyżka oleju, 1 łyżeczka nasion gorczycy, 1 łyżeczka urad dal (łuskanego czarnego grama), szczypta asafetydy (hing), kilka liści curry

INSTRUKCJE:

a) W blenderze połącz namoczone orzechy nerkowca, zielone chilli, wiórki kokosowe, pastę tamaryndowca i sól.
b) Zmiksuj na gładką masę, w razie potrzeby dodając wodę.
c) W celu temperowania rozgrzej olej na małej patelni. Dodaj nasiona gorczycy, urad dal, asafetydę i liście curry. Niech gadają.
d) Wlać temperówkę na chutney i dobrze wymieszać.
e) Podawać z dosą, idli lub ryżem.

100.Orzechowy chutney

SKŁADNIKI:

- 1 szklanka orzechów włoskich
- 2-3 suszone czerwone chilli
- 1/2 szklanki wiórków kokosowych
- 1 łyżka pasty z tamaryndowca
- Sól dla smaku
- Woda, według potrzeby
- Temperowanie: 1 łyżka oleju, 1 łyżeczka nasion gorczycy, 1 łyżeczka urad dal (łuskanego czarnego grama), szczypta asafetydy (hing), kilka liści curry

INSTRUKCJE:

a) W blenderze połącz orzechy włoskie, suszone czerwone chilli, wiórki kokosowe, pastę tamaryndowca i sól.
b) Zmiksuj na gęstą pastę, w razie potrzeby dodając wodę.
c) W celu temperowania rozgrzej olej na małej patelni. Dodaj nasiona gorczycy, urad dal, asafetydę i liście curry. Niech gadają.
d) Wlać temperówkę na chutney i dobrze wymieszać.
e) Podawać z dosą, idli lub ryżem.

WNIOSEK

Kończymy naszą podróż po „KSIĄŻKA KUCHARSKA CHUTNEY ŻYCIE" i mamy nadzieję, że zainspirowało Cię to do zanurzenia się w sztuce przygotowywania chutney i odkrycia bogatego gobelinu smaków i tradycji, jakie ma do zaoferowania ta ukochana przyprawa. Niezależnie od tego, czy jesteś doświadczonym szefem kuchni, czy początkującym kucharzem, na tych stronach każdy znajdzie coś dla siebie.

Jeśli będziesz nadal eksperymentować z różnymi przepisami i smakami chutneyu, niech każda przygotowana partia przyniesie Ci radość, satysfakcję i głębsze uznanie dla kulinarnego dziedzictwa Indii. Niezależnie od tego, czy dzielisz się chutneyami z bliskimi, dajesz domowe słoiki przyjaciołom i sąsiadom, czy po prostu cieszysz się nimi jako częścią codziennych posiłków, niech doświadczenie przygotowywania i delektowania się chutneyami wzbogaci Twoje życie i wniesie na Twój stół smak Indii.

Dziękujemy, że dołączyłeś do nas w tej pełnej smaku podróży przez sztukę przygotowywania chutneyu. Niech Twoją kuchnię wypełni aromat przypraw, ziół i świeżych składników, Twoje posiłki rozkoszą pysznych chutneyów, a Twoje serce radością gotowania i dzielenia się dobrym jedzeniem. Dopóki się nie spotkamy, miłego robienia chutney i smacznego!

www.ingramcontent.com/pod-product-compliance
Lightning Source LLC
Chambersburg PA
CBHW071854110526
44591CB00011B/1404